ウクライナ
カザフスタン
グルジア
ウズベキスタン
キルギス
アルメニア
アゼルバイジャン
トルクメニスタン
タジキスタン
トルコ
キプロス
シリア
レバノン
アフガニスタン
イラク
イラン
イスラエル
ヨルダン
クウェート
パキスタン
ネパール
バーレーン
カタール
エジプト
サウジ
アラビア
アラブ首長国連邦
バング
インド
オマーン
スーダン
エリトリア
イエメン
ジブチ
エチオピア
ソマリア
スリランカ
ケニア
ルディブ
タンザニア
マラウイ
モザンビーグ
マダガスカル
モウリシャス

韓国：ソウルで味わう庶民派グルメ

韓国：竜頭岩

マレーシア：新鮮な魚がならぶフィッシュ・マーケット

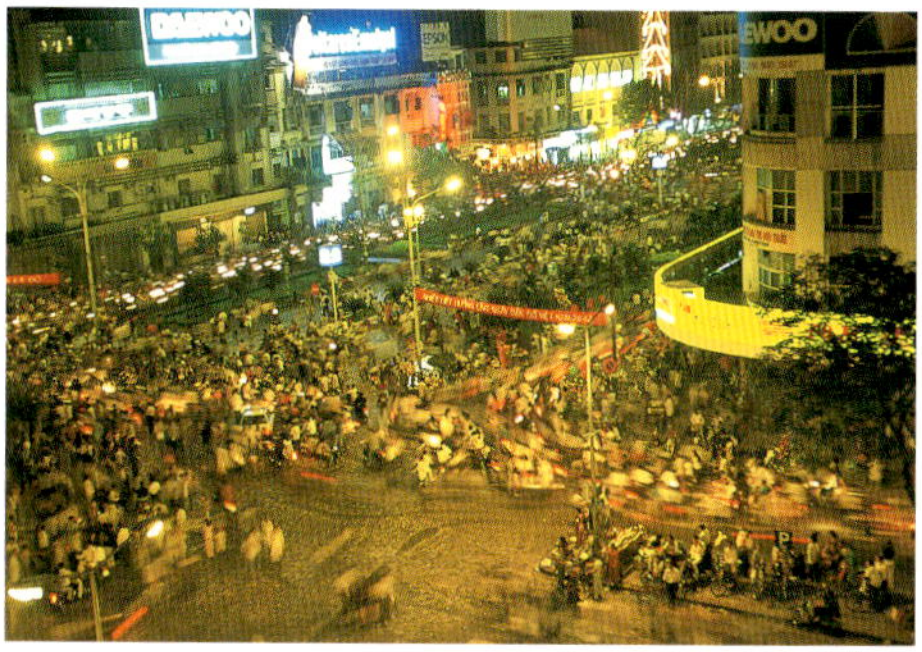

ベトナム：クリスマスイブで大賑わいのホーチミン

バンコク：水上マーケット

ミャンマー：マンダレーヒルの夕焼け

インド：チャレドニー・チョウク
の賑わい

スリランカ・ベントータ：村の道を歩いていたら…

フィールドワークのススメ

——アジア観光・文化の旅

秋山 秀一 著

はしがき

観光というと、何となく遊びで、と思われがち。ちょっと前まで、そんなふうに考えられていた。しかし、観光でいろいろな所へ自由に出かけることができる、ということは、本当はとても素晴らしいことなのである。

ある国でトラブル発生。そんなとき、真っ先に規制されるのが、その国へ観光目的で出かけること。平和と観光は切り離せない。観光省、観光大学なんてのもあっていいのではないのかと思う。

十年ほど前のことになるが、『秋山秀一の世界旅』という本の中に、こんなことを書いた。そのときから十年、平成二十年になって観光庁が発足し、日本も本格的に「観光立国」の実現に向けて、国を挙げて進むことになった。この間に、観光を取り巻く環境、とくに世間の観光というものに対する見方は大きく変わった。

今、まさに、様々な場において、「観光のわかる人」が求められている、そんな時代になったのである。ここ数年、大学に観光系の学部、学科が増えてきたのも自然の流れで、今後益々、観光を学ぶことの意義・重要性が高まっていくにちがいない。

《旅が教室　歩きながら、考える》

全国連合小学校長会編集『小学校時報』の六二五号（二〇〇三年）の《今月の言葉》として、こんなことを書いた。

旅に出て「楽しい」のは、なんといっても、「まちあるき」である。とくに日頃見慣れている風景とは異なった、自然や街の風景を眺めながら歩くことは楽しい。街の風景には、歴史や文化とともに、なんといってもそこに人々の暮らしがあるのがいい。

昼間の風景もいいが、それ以上に夜の風景が魅力的、そんな街もある。

今この瞬間、世界の各地に、いろいろな人が暮らしている。その暮らしぶりは、それぞれに、ちがっている。それを、自分の目で見たい、ずっと、そう思って、旅を続けてきた。

自分自身の旅遍歴について言えば、小学生のときから日本や世界の人々の暮らしや自然に興味を持って、図書館通い。中学生のときから実際に旅をするようになり、国内各地の山や街を歩き、スライド写真を撮り始めた。初めて海外に出かけたのは、一九七五年のことで、それから、毎年、世界の各地を歩き、取材し、写真を撮り、旅行関係をはじめ様々な雑誌に写真とともに原稿を執筆してきた。海外渡航歴は百五十回を越え、訪れた国の数も八十ヵ国を超えた。

大学で講義するだけでなく、講演会やテレビ、ラジオ等でも国内・海外の旅を中心としたテーマのほか、観光全般、道路、自然、まちづくり、映画、衣食住など様々なことについて、自分で撮影した写真を活用して、話をしてきた。いわば、旅のフィールドワークを楽しみながら実践し、そこで得たものを材料に、「旅の語り部」としても楽しんで旅の話をしてきた。

観光による「まちづくり」を実践していくとき、それぞれの地域に固有の自然・歴史・文化を理解するためには、フィールドワークを抜きにしては考えられない。フィールドワークという観光の実体験を積むことによって、様々な文化をより理解することができるのである。

月刊『アジア倶楽部』に、休刊になるまで、六七回にわたって、《秋山秀一のアジアを歩く》を連載した。いわば、アジアについての「旅のフィールドワーク」、その実践記録を写真とともに、紹介してきた。今回、そのなかから中国を除いた三二点を選び、一冊の本にまとめることとなった。

旅は感動、発見、そして、創造……。旅をしながら、メモを書き、写真を撮り、旅での出会い、そのときの感動を大切にしながら、旅をそのままに記録してきた。物価や通貨のレート、時代的背景などは変化するものであり、ここに書かれたものが現在と同じ、というわけではない。ここでは、初出一覧の時期を参考にしていただく、ということで、実際に旅をしたそのときのままにした。

旅に出ると、ワクワクする。それが本になる。こんなにうれしいことはない。学文社、とくに編集部の椎名寛子さんには大変にお世話になった。心から感謝する次第である。

二〇一〇年四月

著　者

目次

目　次

韓国

崇礼門

ロシア
ラソン
中華人民共和国
ハムギョンブク
リャンガン
チャガン
シニジュ
ハムギョンナム
ピョンアンブク
ピョンアンナム
朝鮮民主主義人民共和国
ピョンヤン
カンウォン
ファンヘブク
クムガンサン=グァングァンジグ
ファンヘナム
ケソン
キョンギ
カンウォン
ソウル
インチョン
チュンチョンブク
大韓民国
チュンチョンナム
キョンサンブク
テジョン
テグ
キョンジュ
チョルラブク
ウルサン
キョンサンナム
クァンジュ
プサン
チョルラナム
日本
チェジュド

一　地図を片手にソウルの街を歩く

今、韓国が人気である。とくに、ソウルが面白い。食べ物、ファッション、映画、音楽それに、文化遺産や温泉…。韓国という国が様々な点で注目されている。日本の若い女性の間でも人気が高い。観光資源の豊富なこの国が、今、ホスピタリティあふれるおもてなしの心で、海外からやってくる観光客を迎えいれている。

ワールドカップ開催間近　熱気高まる韓国に注目！

日本国内でも、キムチはポピュラーな食べ物になり、ファストフード感覚で食べられる石焼ビビンバの店も大繁盛。今や、立ち食いソバや牛丼の店と同じように、ごくふつうに見かける。街の風景の一部になりそうな勢いである。岩海苔に塩をまぶした、あの韓国の海苔も旨い。韓国に行くたびに、この海苔と高麗人参茶を大量に買いこみ、軽いけれども、大きな荷物を持って、帰国する。よく知られた南大門市場や東大門市場のほかにも、ソウルには魅力ある市場がいろいろとある。伝統の味、文化遺産、温泉…、ぼくは年に一度は韓国の土を踏む。それほどに魅力ある国なのだ。

今年は、サッカーのワールドカップが日韓共同で、アジアで初めて開催される年でもある。ソウ

13

韓　国

一　地図を片手にソウルの街を歩く

ルの地下鉄構内にも、ワールドカップ関連グッズを売る店があり、様々な商品が並んでいた。

そこで、つい先ごろ行ってきたばかりのソウルの最新の様子について、書いていくことに…。

街を歩き、漢江に沿って歩き、市場をのぞき、韓国一の高層ビル・大韓生命六三ビルにも上った。ソウルに着いた最初の夜はまずは、ライトアップされた南大門を見て、屋台で飲んで、大いに食べた。カルビ、参鶏湯、冷麺を食べ、もちろんキムチも食べた。旨くて、安くていい、そんな店もそっと教えちゃおう。これからソウルに出かけよう、という人には、参考になることも…。

新空港、広い道路、キレイな街並みに感激

昨年三月にオープンした新空港は、ソウルの西約六十キロにある仁川《インチョン》国際空港。広くて、きれいな空港である。ここからソウルの街へと向かう道路も広く、快適だ。

ソウルを訪ねるたびに、年々、街がきれいになっていく。そう思う。

公衆トイレは街のあちこちにあり、案内表示もわかりやすい。しかも、清潔で、無料。トイレットペーパーもきちんとついている。明洞、南大門、東大門など、人の集まりやすい所には、観光案内所もある。これが、わかりやすい場所にあり、すぐに見つけることができるのでありがたい。観光案内所で応対してくれる人はかなり親切で、そこにはしっかりした地図も用意してあり、無料。日本語で書かれたものもある。公共の無料トイレがどこにあるのかを地図にわかりやすく記した、トイレのガイドマップまであった。これも、いただくことに。この地図を見ると、表に書かれたソ

ウルの英語表記「ＳＥＯＵＬ」の「Ｏ」の文字が、サッカーボールで表現してある。これも、ワールドカップの開催を意識してのこと。

どのホテルでも、フロントの横あたりに、ソウルの詳しい日本語の地図が、何種類か置いてある。広告つきのこの地図が結構よくできていて役に立つ代物。地図をときどき広げながら、ソウルの街を歩いたり、地下鉄に乗ったり、自由自在に動き回る。そんなときに便利だ。

安くて快適な地下鉄は移動の足にオススメ

ソウルの地下鉄は、料金が六百ウォン（約六十円）から。どこへ行くのにも、六十円か七十円で行くことができる。切符の買い方は、日本とほとんどいっしょ。目的地の駅名をさがし、そこに書かれた金額を確認し、自動券売機にお金を入れる。地下鉄は一号線から八号線まで、線路名は番号で表され、駅にはそれぞれ三桁の番号がついている。この最初の数字はその駅のある路線の番号を示しているのでわかりやすい。ホームには、駅名が大きく書かれているだけでなく、地下鉄の進む方向と次の駅名もわかりやすく書いてある。一度乗ってみればすぐにマスターできる。

駅はきれいで、どこも、バリアフリー。案内地図もわかりやすい。休憩場所には本の入った書棚のある所も多く、自由に本を読むことができる。各駅には無料のトイレがあり、トイレのある場所もわかりやすく、なによりも、きれいなのがいい。実際に地下鉄に乗って、トイレを利用してみたら、だれでも驚くにちがいない。こんなことは、ロンドンやパリ、ニューヨークでは考えられないことである。いままでに歩いてきた世界中の街のなかでも一、二位を争うくらいにソウルの駅のトイレは清潔で使いやすい。

夜遊び派は要チェック　電車は十二時で止まる！

クレジットカードや銀行カードで二四時間利用できる現金自動支払機が各駅に設置されている。これも便利で、ありがたい。ただし、この使いやすい地下鉄も、営業時間は夜中の十二時まで。南大門市場の屋台で飲んでいて、つい遅くなり、地下鉄二号線に乗っているときに、十二時を過ぎてしまい、地下鉄はストップ。本当に、十二時を過ぎると、そこで止まるのだ。

地下鉄を降り、荷物をホームのベンチに置いて、「さあどうしようかな」と、思ったその瞬間、「地下鉄終わりました」と、親切に声をかけられた。外に出て、タクシーに乗ってホテルへ戻った、なんてこともある。

カメラを肩に下げ、ソウルの地下鉄に乗ったときにこんなこともあった。空いている座席はなかったが、立っている乗客はほんのわずかといった程度の込み具合だった。扉のそばに立ち、地下鉄が動きだすと、すぐに、一人の青年が声をかけてきた。座席を譲られたのだ。

年寄りに見られた？

いや、違う。年上の人に対する敬いの精神から、席を譲ってくれたのだ。そんな若者を何人も見かけたが、まさか、このぼくが席を譲られるなんて…。初めての経験だ。

南大門市場では屋台グルメを楽しもう

ソウルに着いた最初の夜は、まずは南大門市場へ。あの活気のある雑踏の中を歩いて、屋台で食べる。これで、「ソウルにやってきたぞ!」という気持ちがより強く…。南大門を見て、市場の中へ。さっそく屋台がある。土地の人のいる店の、空いた席へ。

まずはOBビール。キムチをつまみに、グーイと飲む。旨い。ヤキトリ、チヂミ、ハルサメなど、適当に注文。見た目で「これとこれ」と、追加する。ビールのあとは、焼酎の眞露をストレートで。

それが、ここでの飲み方。途中からやってきたサラリーマン三人組。眞露《ジンロ》を一本、それにつまみを一品。これで一時間ほど、何やら熱っぽく話をしていた。

こちらは、Y氏と二人組。テーブルいっぱいに料理を並べ、食い、飲む。

それぞれが、それぞれの飲み方で、が、いい。

夜の九時半を過ぎて、市場の中へ車が入ってくるようになると、屋台も道の中央から端へ移動。店全体が移動する。料理をし、客の相手をするのは女の仕事。店の移動、設営は男の仕事。何と、風よけのビニールをとめるのに、道路に直接トンカチでクギを打ちつけていた。

「何時までやってるの」

と尋ねると、

「三時までやってますよ」。

韓　国

一　地図を片手にソウルの街を歩く

となりの靴屋の女主人がやってきて、お茶を飲みながら、おかみさんと話をしている。

スープと焼きそばを、あったかそうに食べている若い女性の一人客。

モチとビール一本飲んで、「六千ウォン（約六百円）」払って立ち去る若者。

腹いっぱい、いい気分になって、三万七千ウォン。

「ソウルはクセになりそうです」

と、Y氏。わかるね、その気持ち。

忘れ得ぬ味と人　カマボコサツマ揚げ

南大門市場に行くと、必ず寄るところがいくつかある。「カマボコサツマ揚げ」のおじさんの屋台も、そんな店のひとつ。陽気で、本当に楽しそうに、客の目の前でこねて、棒にくっつけて、油で揚げて、ハイできあがり。その場で食べる。一本七百ウォン（約七十円）。若い女性や子どもにも大人気。

場所は栄進商社のすぐ前。写真を撮っていたら、ヨ・インサンさんが店から出てきて、「私の高校の先輩です。テレビに出たり、取材されたり、有名な人です」。

ここにくると、いつもいて、いつも同じように、楽しそうに「カマボコサツマ揚げ」をつくり、そこに客の喜ぶ姿がある。これがいい。これも、南大門市場の楽しみのひとつ。

焼き海苔、高麗人参茶を大量に買うこととともに…。

ぼくのよく食べる冷麺の店も、ここにある。

二 ソウルで味わう庶民派グルメ

アジアを歩くと、浮き浮きする。歩くたびに、常に、新鮮な驚きがあり、なんらかの発見がある。心の底から不思議なエネルギーのようなものが湧いてくる。心の中にはモヤモヤっとしたものがあっても、そんなものは、いっぺんに吹き飛んでしまう。
ソウルも、そんな街のひとつだ。歩く…。腹がへった。さ〜て、どこで食べようか。

旅の楽しみのひとつは「旨いもん探し」

腹が減ったときに食べるものは、なんでも旨い。アジアに限らず世界の七十か国を越える国々を旅して、歩いて、いろいろな物を食べてきて、確かにそう思う。

こちらの腹具合とは関係なしに出されたもの、これは料理にとっても不幸なこと。

時間になったから食べる、というのではなく、自分のリズムで旅をして、「そろそろ、何か食べようかな〜」と思ったときに、街を歩きながら何軒かのぞいて、「うん、この店は、旨そうだぞ

〜」と感じた店に入って食べる。それが一番。

こういった時間が、ぼくはけっこう気に入っている。旅の醍醐味でもある。

これが、ぼくのいつものやり方。これでけっこうハズレが少なく、期待どおりだった、ということが多いのだ。しかし、腹の空き具合や味覚といったものは、人それぞれ。ソウルでも今までに、いわゆる有名な店も含めて、いろいろなところで食べてきた。が、ここでは、あくまでも今回のソウルの旅で出合った店のなかから、ぼくのお気に入りの店を紹介することにしよう。

気さくなおばちゃんの笑顔も嬉しい冷麺の店

まずは、冷麺。

冷麺なら、ココ！　という何度も食べたぼくのお気に入りの、馴染みの店を、特別に教えてしまおう。ソウルに行くと、必ず一度はこの店に行く。そんな店だ。ソウルに着いた最初の夜、南大門をいつものように歩くと、あの南大門パワーがこのぼくの身体にも宿り、屋台で食べて、飲んで、買い物もして、ということになる。この火照った興奮状態が、なんとも心地よいのである。腹の中にはいろいろなものが詰まっているはずなのに、最後の締めに、冷麺が食いたくなる。で、いつもの店へ。

一度この店に入って冷麺を、いや、冷麺でなくても、なんでもいい、とにかくこの店で食べてみれば、その良さは、すぐにわかる。なんといっても、おばちゃんがいい。もちろん、味もいい。

まずは、冷麺を注文。なんとなく海苔巻きも気になって、今回はこの海苔巻きも注文。そして、当然のことながらビール。注文しなくても、白菜のキムチ、それにやや甘めのタクワンがすぐにテーブルの上に並ぶ。これを肴に、ビールをグイーと飲む。

冷麺が出てくる。腰のしっかりした長めの麺とすっきりとした冷たいスープのコンビネーションがなんともいえない。麺は食べやすいように、ハサミで適当な長さにカット。もちろん長いまま口に運んで、歯で噛み切ってもかまわない。その辺はお好みで…。

旨い！　キムチも旨い。

ニコニコしながら、店のおばちゃん、そばにやってきて、

「美味しい?」

と、ひとこと。

「美味しい」

と、答えて冷麺を食べ、キムチも食べる。

ちょいとして、また、おばちゃんがやってきた。青菜のキムチと御飯を手に持って、「これも、御飯といっしょに食べると美味しいよ」。

遠慮なく、いただく。

青菜のキムチを御飯に混ぜて食べる。これも、旨い。

広告を出しているわけでもなく、ガイドブックなんかにも載っていない、しかし、こういった庶

民的な、ローカルな店のこの温かさ。これは、最高のごちそうだ。冷麺の値段は四千ウォン（約四百円）、海苔巻きは二千ウォン、韓国のビールOBビンビールが三千ウォン。しかも、美味しいタクワン、それにたっぷりと出てきたキムチは無料。ありがたいこっちゃ、である。

南大門市場の北側、南大門路の大通りに面して、この店はある。店の外に料理見本が並び、店内は透明ガラスを通してよく見える。「この店だ」って、すぐに見つかるはずだ。料理写真に値段の記されたファイルを持ったおばちゃんがいたら、変な客引きとは思わずに、素直に、店に入ればよい。『アジア倶楽部』の今月号を持っていってこのページを見せたら、大喜びして、大歓迎してくれること間違いなし。

この店のおばちゃん、ぼくの名前こそ知らないが、重たそうなカメラを持ってちょいちょいやってきて、毎回毎回食べたものの写真を撮っている日本のお兄さん（?）のことはよく知っているはずだから…。

歩けば気になる南大門市場庶民派グルメ

庶民的なローカルレストランは東大門市場の周辺にもたくさんある。二四時間人が集まるという東大門市場界隈には、一晩中開いている店もある。地下鉄二号線の東大門運動場駅で降りて地上に出ると、もう、そこには露店がズラッと並んでいる。運動場を右手に見て、北の方へ歩く。平日の午後も、ここには人が多い。

屋台の串焼きは一本千ウォン、揚げパンは五百ウォン。

交差点の角に気になる店があった。通り過ぎて、戻る。客の入りもいい。午後の二時過ぎ、腹もそろそろ空いてきた。で、店内へ。通りに面した席に着き、「ビール」を注文するが、「ここはノービールの店です」と、客の一人が教えてくれた。すぐにタクワンが出てくる。ギョウザにミックスラーメンを注文したあと、メニューに載っている料理写真、それに他の客の料理を見ながら、Y氏と二人、「これと、これを食べてみよう」といった感じで、二品注文。

ラーメンはキムチのしっかり入った強烈激辛ラーメン。あとから注文したものも、これぞソウルの庶民の味、といった感じで、かなり辛め。で、水を何杯もおかわりすることに。これで、一万二千ウォン（約千二百円）。店を出て、露店をのぞきながら、何か甘いものでも…。で、食べた小ぶりのタイ焼き二つで五百ウォン。

定番の焼肉&サムゲタンは地元の人で賑わう店で

焼肉でも、いい店を見つけた。

明洞から西へ南大門の方向へ歩いていたときに、客の入りがよくて、何となく雰囲気の良さそうな店があった。入ってみると、これが大正解。若い女性数人のグループやビジネスマンらしき男性客のグループで広い店内は大繁盛。一番奥の空いているテーブルに案内された。

カルビを注文。これが、旨かった。韓国語で旨い、美味しいは「マッシッタ」。店長お薦めのプルコギはスキヤキに似た味で、これも「マッシッタ」。氷入りの冷麺はこの店の味だ。カルビ二人前、プルコギ、冷麺、それにビールが四本。これで、しめて四万三千ウォン。

店の外観は緑色。店の名「クダラサムゲタ（竹を食べて育ったブタ）」にちなんで描かれた可愛らしいブタの絵が目印だ。

＊

サムゲタンは、明洞にある「百済参鶏湯」で…。サムゲタンの専門店として有名なこの店は、昼も込んでいる。ひな鳥の腹に高麗人参、栗、ナツメ、もち米などをつめて煮込んだサムゲタンも、いままでいろいろなところで食べてきたが、明洞ではここがお薦め。冬の寒いときに食べると身体がホッカホカに、夏の暑いときは汗ビッショリに。スープも残さずに飲む。いっしょに出てくるキムチ、ニンニク、白菜…、量もたっぷり、一万ウォン。

食欲を満たした後はちょっぴり文化的に…

食べて食べて腹いっぱい。で、最後に最近観た韓国と関係のある映画について一言。タイトルは『KT』（韓国・日本合作、二〇〇二年公開）。三十年ほど前に起こった現韓国大統領・金大中氏拉致事件をテーマに描かれたヒューマン・ポリティカル・サスペンス。映画に出てくるホテル名は、グランドパレスではなくグランドパークに変えてある。

舞台は三十年前なので、タクシーの初乗りは百七十円。病室の出てくる場面で、積まれた本の一番上に、『経済往来』の七月号。この雑誌が映画に出てこようとは…。実はこの雑誌、その後、会社が倒産、廃刊になるが、その半年ほど前にスイスについての依頼原稿を書き、もらった原稿料は八分の一に、という雑誌だった。三十年前は映画に出るほどポピュラーな経済雑誌だったのだ。佐藤浩市、原田芳雄のいい〝男〟の演技に、好感を…。

三　慶州《キョンジュ》、釜谷《プゴク》、温泉巡り

「日本ほど温泉が暮らしと結び付いているところはない」

あるPR誌に、こう書かれているのを目にして、「はたしてそうだろうか?」と、気になった。その原稿をよく読んでみると、書いた本人は、日本の温泉をのぞいて、海外の温泉にはまったく入った経験のないことがわかる。

「～だそうだ」「～らしい」「～のようだ」

こんな言葉が、やたらとでてくる。

日本だけが、のような書き方をされると、やはり気になる。本当かね?

ものごとには、それぞれに、そこならではの係わり方というのもがある。それらを画一的に、順

韓国

三　慶州、釜谷、温泉巡り

位付けする、それ自体がナンセンスなこと。しかも、自分自身で確認することなく、本人の思い込みと、「~らしい」という曖昧な言葉の連続のみでランク付けをするなんて、とんでもないことだ。「日本の水が世界で一番美味しい」、「日本が世界で一番安全な国」「相撲は日本だけのもの」……、まだまだある。

＊

温泉の話に戻そう。

韓国、マレーシア、ニュージーランド、アメリカ、アイスランド、ドイツ、スイス、フランス、カナダ、ハンガリー、イタリア……、いままでに、ぼく自身、世界各地の様々な温泉に入ってきた。温泉に入ることを主な目的とした旅に、よく出かける。また、旅の途中で温泉があることがわかり、予定を変更して、その温泉に足を運んだこともある。温泉が大好きなのだ。もちろん日本の温泉にもよく行く。日帰りで温泉に、も、よくやる。だからといって、日本の温泉だけが、とか、一番だ、と考えたことはない。

温泉に浸かると本当にリラックスできる。

たとえ、入り方や水温、水質などが異なっていたとしても、どの温泉も、それぞれに、よかったのである。

温泉にゆっくり浸かって、土地の料理を味わい、土地の酒を楽しむ。

あ~、考えただけで、顔がほころぶ。最高だ。

しかし、これは必ずしも日本に住む人だけに与えられた特権、というわけではない。たとえば、おとなりの国、韓国。この国の温泉、これがまた、いいのである。

＊

今年の二月にも韓国の温泉に入ってきた。

一般に、日本の温泉が火山性の温泉であるのに対し、韓国の温泉は花崗岩地帯から湧き出る温泉。水温は日本に比べると低めで、硫黄泉も少ない。しかし、韓国の温泉にはフッ素、ナトリウム、ゲルマニウムなど各種のミネラル成分が豊富に含まれており、とくに冬に温泉に浸かると、身体はホッカホカ、身も心もリラックス。さあ、がんばるぞ、と、元気まで湧いてくるようだ。

韓国の温泉にも、温泉施設のそれぞれに温泉分析表や効能の数々が示されている。さらに、地下の地質をわかりやすく示した地下柱状図まで掲示してある。ただし、温泉に入れるのは、日本のように一日中二十四時間、というわけではなく、夜は九時から十時くらいまで、朝は六時ぐらいから、というところが多い。朝、温泉にゆっくり入って、リラックスしてから、仕事へ。そんな、うらやましい暮らしをしている人たちもいるのだ。

＊

今回訪れた温泉地は、釜山に近い釜谷、それに、慶州。古都・慶州にも温泉がある。

紀元前五七年から九三五年まで、およそ千年にわたって新羅王朝の都として繁栄した慶州は、幸運なことに災禍にみまわれることがなかった。そのため、現在でも、市内のいたるところで、古墳

三　慶州、釜谷、温泉巡り

や遺跡を見かける。

以前、夏に普門湖のほとりに建つ慶州朝鮮ホテルに泊まり、温泉に入ったことがある。この宿の温泉もよかった。湖に面した部屋からの眺めも良かった。広い庭に、テーブルとイス、生演奏を聞きながら緑に囲まれた環境の中での食事も楽しんだ。庭の先には普門湖が広がり、湖にはボートが浮かぶ。森の中に、観覧車など慶州ワールドの遊戯施設も見える。歴史都市慶州の中にあって、この辺りは別世界。自然の景観を背景とした安らぎの里といったところだ。しかし、なんといっても、慶州で最も有名な観光スポットは仏国寺。それに、石窟庵と市内の古墳公園である。

歴史都市慶州のホテル　客室すべてに温泉も

慶州は韓国東部に位置している。山の向こう、東側は日本海。夏には、この日本海から吹き付ける湿気を含んだ風が山を上り、霧を発生させる。昔の人は山が霧を吐くのだと考えた。吐含山と呼ばれている。

「ほんとかな？」

と、確認したい気持ちもあって、七月の下旬に吐含山に上ったことがある。そのとき、確かに霧が発生していた。場所によっては視界がほとんどないほどだった。その濃い霧の中、石窟庵まで、山道を歩いた。

二月はちがった。

夏には霧に包まれて読めないほどだった、「吐含山石窟庵」の文字をはっきり確認しながら門をくぐり、石窟庵までの道を歩いた。

冬には風の向きが変わる。霧は山に呑み込まれてしまっていたようだった（？）。

視界はよく、どこまでも、見晴らしがよかった。遠く、日本海まで見えた。

季節によって、風景がこんなにもちがった姿を見せるのだ。

*

この二月、慶州では、慶州コーロンホテルに泊まった。客室にはすべて温泉が供給されている。が、それじゃ、温泉に入った気がしないから、朝一番で、大浴場の温泉に入った。「地下四五三メートルから揚水し、重炭酸ナトリウム温泉で…」と、浴室内に、温泉に関する情報、それに、様々な効能が記されている。地質柱状図もある。

温泉にゆっくり浸かり、休憩室で休んだ。

このホテルには、大浴場を出たところにも休憩するスペースがある。ロビーもゆったりしている。

夜、ここでビールを飲んだ。

売店には、チョコレートやケーキなどが並ぶ。饅頭のようなものがあったので、尋ねると、「ファンナンパン」という名で、慶州で有名なパンだという。

では、と、購入する。八個で四千ウォン、一個五十円。

現地ガイドのYさんにこのパンの話をすると、「冷やして食べると、もっと美味しいです。慶州パンとして、釜山にも代理店ができました」とのこと。
温泉に浸かり、土地の名物を食べる…。
旅がより楽しいものに。

釜山に近い釜谷はネオン輝く温泉街

温泉地もいろいろ、釜谷温泉は大都会の釜山に近く、週末になると多くの客で賑わう温泉場だ。温泉宿のほか、土産物店、食堂、遊戯場、飲み屋などが道の両側に並ぶ、夜のネオン輝く華やかな温泉街である。ビールを飲み、骨付きカルビを食べ、いい気分になったところで、夜の温泉街を歩く。赤、青、緑、輝くネオンにハングル文字。自販機のコーヒーは四百ウォン（四十円）。ミカン、カキが店に並ぶ。ピーナッツ一袋千ウォン。

釜谷での宿は釜谷ロイヤルホテル。ここも客室内の風呂はすべて温泉。だが、当然のことながら大浴場に入ることに。

「夜は九時まで、朝は六時から」営業。早起きして、朝六時から温泉に入りにいく。入り口は男性用がキング、女性用がクィーンのマーク。外に床屋もある。受付で鍵を受け取り、靴を入れ、ロッカー室で着替え、浴室へ。入ってすぐ左手にシャワー、正面はサウナ室。浴槽に、洗い場、打たせ湯もある。打たせ湯は二七・三度、サウナは八五・三度、浴槽の方は四一・一度と四三・七度。

熱めの温泉にじっくり浸かり、打たせ湯を肩、背に当て、サウナ室で韓国式に横になった。七時過ぎあたりから客が増えだし、韓国人に混じって、ゆっくりと温泉を楽しんだ。

＊

雪の残る海印寺に行き、八万大蔵経を見学したあと、門前町を歩いた。

土産物を売る店の前で朝鮮人参を水洗いしている女性がいた。こちらは冷えた身体を暖めるために、食堂で昼食。土地の酒で米から作る濁り酒、トンドンジュを飲み、サムゲタンを食べた。トウガラシ味噌、酢と醤油につけておいたニンニク、キムチ。テーブルに並ぶそれらのものを順につまみながら、トンドンジュを味わった。トンドンジュは器一杯二千ウォン。熱々のサムゲタンを食べたあと、歩きながら、店を覗く。ギンナンの大粒が一キロ、一万ウォン。クルミ、干し柿が千ウォンから、いろいろと……。旅の途中、チヂミも食べて、石焼ビビンバも食べた。キムチは毎日味が変わる。で、酸っぱくなると鍋に使ったり、みじんぎりにしてうどん粉と混ぜてチヂミにしたりする。

夢の話から、面白い話を聞いた。

「ブタ、カエル、カメ、韓国ではどれも縁起の良い動物です。とくにブタの夢を見ると、縁起がいいって、宝クジ買います。ブタは福を運んでくる動物なのです」

ブタは夢見のいい動物なのである。

四 釜山《プサン》…眼鏡を作って、食べた、フグ鍋、アワビ粥

二〇〇一年二月九日、釜山。

港に沿ってズラッと並ぶコンテナの山、そして、倉庫群。韓国を代表する貿易港として、いや、現在では世界トップクラスのこの港町を一二年ぶりに訪れた。

釜山タワーに上り　市内のパラノラマを見渡す

釜山市のほぼ中央部に、竜頭山公園。標高六十メートルほどのこの小高い丘は日当たりもよく、釜山市民の憩いの場所。この日も、持参したラジカセから流れるボリュームいっぱいの音楽に合わせ、十数名の年配の人々が、花時計のそばで踊っていた。こんな光景を韓国ではしばしば見かける。

花時計のうしろに李舜臣《イ・スンシン》将軍の立像。そのうしろに、まっすぐ天にのびた白いタワー。一九七四年にできたこの釜山タワーは、高さ百二十メートル。タワーの上にある展望台からは市内を一望することができる。釜山の全体像を眺めるには、この竜頭山公園にやってくるのが一番。釜山にやってきたら、何はともあれ、まずはこの釜山タワーに上ること、お勧めだ。

公園の名に「竜」の字。券売所に行く途中に、竜の像。この像を下から見上げると、竜のうしろ

に真っ白い釜山タワー。まるで釜山タワーを、絡み着いた竜が、上っているかのようだ。バックの真っ青な空もいい。

釜山タワーへの入場料は、二千五百ウォン。エレベーターで一気に展望台へ。

「わー、すごーい……。港が全部見える……。」

初めてこの風景を見た人の、素直な感嘆の声を聞いた。東の方向の、この眺めがみごと。釜山港の全景を見ることができる。

埠頭の先端には福岡行きのフェリーも停泊している。右へ、時計回りに移動しながら展望台からの眺めを楽しむ。南の方向には、影島。この島へ通じる釜山大橋と影島大橋の二本の橋。左手の赤い橋が釜山大橋だ。影島の右手彼方に、うすぼんやりとだが対馬も見える。

釜山から対馬までは六十キロほどの距離。福岡と下関への定期航路もある。釜山は日本から近いのだ。南西の方向には釜山の台所、いや、胃袋、チャガルチ市場も見える。ずっと右手に移動…、西の方向に国際市場も見える。ぐるりと一周したところで、タワーのすぐ下に目をやると、コンクリート製の四角い建物に囲まれて、瓦屋根の日本家屋があるのがわかる。そして、また、釜山港の全景。

ここからの眺めはいつまで見ていても飽きることがない。なんといっても、このタワーのロケーションがいい。そして、高さもちょうどいい。なんでも高けりゃいい、というわけではないのだ。とくに風景を楽しむ場合、その場所場所に応じた、ちょうどいい高さというのがあるのである。

韓国

四　釜山

一例を挙げれば、そこから見る風景という点で、チェコの首都プラハでぼくが一番すきなのは、プラハ城から見る風景でも、旧市庁舎の塔の上から見る風景でもない。それは、ブルタヴァ川に架かるカレル橋の旧市街塔の上から見る風景である。

この塔からの眺めはまさに「塔のヨーロッパ」そのもの。見る目と同じ高さに、ズラッと、建物の塔が並ぶのだ。

人と物であふれる活気ある国際市場へ

釜山タワーから見る素晴らしい眺めを堪能したあと、タワーから西の方向に見えた国際市場に向かった。ここで眼鏡を作ってやろう、というのも、釜山にやってきた今回の旅の目的のひとつ。

「韓国で眼鏡作ると安いですよ」

とは、よく言われること。だが、今まで韓国には十回ほど出かけているが、眼鏡の必要がなかったこともあって、自分ではその「安い」ということを確認する機会がなかった。

しかしながら、この度、めでたく(?)眼鏡が「顔の一部」に、つまり老眼鏡がなければ字が見えにくくなり、しかも度が進み、新たな眼鏡が必要になった。で、釜山で眼鏡を作ってみよう、というわけだ。何事も自分で体験してみると、いろいろなことがわかる。体験した人だけがわかるということも多い。～だそうだ、～らしい、は、つまらない。

＊

国際市場はぴったり南北にのびる、二つの細長いビルが中心。その辺り一帯には、様々な店が並び、衣類のほか、食器、日用品など生活していく上で必要なものなら何でも売られている。日が傾くと通りの真中に屋台が並びだし、今度は市民の夜の胃袋を満たしてくれるところとなる。人と物とであふれる活気ある国際市場を歩いていると、こちらまで浮き浮きしてきて、元気が出てくる。こういうところを歩くのはなんとも楽しい。

ここには、眼鏡屋が何軒も集まった通りもある。

どの店にしようかな……、と、何軒かのぞいた上で、結局、

「私の眼鏡もここで作りました」

と、釜山のガイドYさんが言った、新昌洞三街にある卸売直売の店で作ることにした。

まずは、フレーム選びから。

ぼくの顔を見て、店員が三種類のフレームを取り出してきた。そのなかで、黒いフレームの一番若く見えそうなのを選ぶと、「これが一番似合う」

と店員が言い、同行のYさんも、

「お似合いですよ」

と、笑顔で。

これで決まり。

続いて検眼。

検眼機の前にすわり、言われるままに、検眼機に目をあて、中を見る。こちらが何も言わなくても、これで、度がわかるらしい。細かなチェックがすんで、レンズが決まる。

いよいよ値段の話だ。

「フレームが八千五百円で、レンズが二つで五千円、合わせて一万三千五百円です」

と、まずは言われたが、言い値でそのまま買ってしまったのでは、今回は面白くない。

で、値段の交渉。

あくまでも、スマートに…。

結局、買値は一万千円ということに。

眼鏡の質を考えると、かなり安く作ったと言えそうだ。この眼鏡、けっこう気に入っているのである。

*

日が落ちると、東の空にみごとな満月が、くっきりと現れた。

「今日の月が一年中で一番大きいんです」

と、Yさん、たしかに、大きな月だ。

「今日は小正月です。昔は女の人が集まって食事をしたり…、女の人の正月だったんです」

小正月は旧暦の正月一五日。元旦を大正月というのに対して、この日が小正月。二番正月というわけだ。

きれいな満月を見て、また、得した気分になる。

日本では下関のフグが有名。下関との間に定期航路のある釜山にもフグ料理はある。夕食にそのフグの切り身の入った寄せ鍋、フグ鍋を食べた。冬の鍋、しかも、具にフグが入っている。暖まった。旨かった。

早朝のチャガルチ市場へ　絶品！　アワビのお粥

翌日はまだ暗いうちから行動開始。チャガルチ市場に出かけた。

チャガルチ市場は魚市場。市場に通じる道の両側にもズラッと露天が並ぶ。

ブタの頭がポツンと台の上に乗っていた。よく見ると、笑ったような顔をしている。ブタは縁起物。店に出すとき、顔はきれいにして、笑い顔にする。悲しい顔やしかめっつらは縁起物にはふさわしくない。

タコ、イカ、エイ、タチウオ、貝に海草。ここには海の幸があふれるばかりに並んでいる。

早朝はまだ冷える。焚き火をして暖をとりながら店番をする人、空になった荷車を押しながら急ぎ足で行く人、貝の殻を開いて中の身を出す人、海草を水洗いする人…、そんなたくましい人々が、チャガルチ市場にはいる。

朝日が上りきったころ、市場で朝食、メニューはアワビのお粥。細かくカットしたアワビの入ったお粥に醤油を垂らし、かきまぜて食べる。アワビが、歯にグッ、グッとくる。

旨い。で、もう一杯、お代わりだ。

五　石の島・済州島《チェジュド》…トル・ハルバン　石垣、水汲み女の像…

韓国最大の島、済州島の面積は、佐渡島の二倍よりやや広くて、約千八百平方キロ。この島の最高峰で、島の中央部に位置する標高千九百五十メートルの山、漢拏山は韓国で最も高い山である。島の南を暖流が流れる済州島の気候は穏やかで、冬でも暖かい。冬の寒さの厳しい大陸続きの朝鮮半島に暮らす人々にとって、済州島のイメージは一年中暖かい、南の島。

韓国で海外旅行が自由化されたのは、ソウルオリンピックが開催された一九八八年のこと。それまで、新婚旅行先として最も人気のある場所といえば、それは済州島だった。自由化以後、観光目的で海外へ出かける人は徐々に増えていったが、済州島の人気が衰えることはなかった。

済州島は、まさに島独特の文化と歴史をもった、楽園ともいえる南の島なのだ。

済州島は火山の島。そして、石の島。

ぐるりと島を回ってみると、現在では噴煙を上げるような活動はしていないが、この島が火山の噴火によってできたものであることがわかる。

島のあちこちで、大小様々な大きさのスリバチを逆さまにしたような形の小山を見かけるが、これらはすべて、火山活動によってできた寄生火山なのである。日没後、済州市内のホテルの部屋の窓から、オルムと呼ばれるこの寄生火山のシルエットを眺めながら飲むローカル焼酎やビール。これ、ぼくの済州島での楽しみのひとつ。旨いんだなあ、これが…。

石の守護神が見守る島

済州KAL、ロベロ、パシフィックホテル。今までに、済州島で泊まったホテルは、どれも、島の北の中心、済州にあるホテルばかり。旧市街にあって、市場があり、地下街があり、港にも簡単に歩いていける。昼も夜も街を歩くのが好きだ、というぼくのような者にとっては便利なホテルだ。宿の決め手は、なんといっても、ロケーションなのである。

「済州島にはまだ行ってないので、済州島に行きたい…」

『秋山ツアー』の常連、Nさんのこの一言がきいて、この夏の『秋山ツアー』は、済州島へ行く、ということに。

バルト三国、クリミア半島、ロシアの田舎、カムチャツカ、プラハ…、世界各地を旅してきた夏の『秋山ツアー』。来年の行き先もドレスデン、プラハ、プラチスラバと決まっている。が、今年は、初めて、近場で、韓国へ。

今回事前に決めたのは、往復の飛行機と宿をロベロホテルにしたことだけ。

韓　国

五　石の島・済州島

旧市街を歩き、山を歩き、市場、ショッピングセンター、屋台…、美味しい海の幸をたらふく食べて、土地の酒をたっぷり飲んで。すばらしい人たちといっしょなら、どこへ行っても、楽しい旅になるのだ。ロベロホテルのすぐ前、通りの向かい側にあるのが、一四四八年に建てられた、この島に現存する最古の建物、観徳亭。この建物には、窓や外壁がなく、四方が開かれている。観徳亭の前に立っている石像が、済州島の象徴になっている、ユーモラスな表情をした石のおじさん「トル・ハルバン」の原形。

ずんぐりとした団子鼻、固く結んだ口、それにギョロッとした大きな目。対になって立つ、このどことなく愛嬌のある熔岩でできた石像は、済州島だけに見られる守護神なのだ。

済州島内の土産物屋を見ると、どこにも、同じ熔岩でできた小型のトル・ハルバンが並んでいる。初めて済州島を訪れたとき、小型の石像をひとつ買った。その後も、いろいろとトル・ハルバンがデザインされたものを選ぶ。

市の中心部から海岸に沿って西の方向に、竜頭岩と呼ばれる岩がある。

黒い岩の塊が海に突き出ていて、それがまるで竜が海中から頭をもたげているかのようなかっこうに見えることからこの名がついたとのことで、ここを訪れる観光客は多い。人気の観光スポットになっているこの岩も、火山の噴火によって、地上に出てきた熔岩が冷えて固まったもの。火山活動と海の荒波による浸食作用によってできたものだ。

正直な島民、働き者の女性

　済州島に行くと、必ず言われることは「三無の島」と「三多の島」。

三無とは、この島には無いものが三つある、ということ。それは、泥棒、物乞い、それに家の門構え。この島の人々の暮らしぶりを再現した済州民俗村に行き、村の中を歩いてみると、確かに家には塀があっても、門構えはない。その代わり木の棒が横にかけて置いてある。実は、この棒には意味がある。一本なら、ちょいとその辺りに出かけてくるという意味で、二本なら夕方までには帰る、そして三本なら一日中帰ってこない、ということを表しているのだ。考えようによっては「留守ですよ」ということをわざわざ教えているようなもので、物騒きわまりないと言われてしまいそうであるが、何といっても、この島は三無の島。心配ご無用。この島の住民の正直さ、純朴さを物語っている話である。

　一方、三多とは、この島に多いものが三つある、ということ。それは、石と風と女。

済州島は火山の島。石は多い。

風も強い。今では、その風を利用して風力発電が盛んに行われている。

確かに石と風は韓国国内の他の地域に比べて多いようだが、女となると数字の上では必ずしもとくに多かったというわけではない。では、なぜ？

「この島には海女が多く、農作業をする女性の姿も多く見られたので、女が多いように思われたようです。働き者の女性が多かったのです」

と、そんな話を聞いた。

また、この島には汽車、電車、地下鉄がなく、米、リンゴ、ナシは採れない。その代わり、ミカンはこの島が大産地。市場には地元産のミカンが所狭しと並んでいる。

そしてもうひとつ、この島にないものがある。それは、常に水が流れているような、川。島全体が火山性の土地で空隙が多いため、雨が多いのに、水が貯まらない。そのため、川らしい川というものが、この島にはない。昔から、水を得るためには苦労した。島のあちこちで見かける水汲み女の像は、先人の苦労を忘れずに、との願いを込めて造られたものなのである。

澄んだ空気、青い海、黒い大地、海岸に沿った快適な道。自然の風景を堪能し、途中の漁村で寄り道。天日に干された海の幸が、自然の風景の中に馴染んでいる。

畑を囲むように村の小道（オルム）沿いに見られる石垣は、熔岩を積み上げたもの。デコボコの隙間だらけに、石が積んである。ちょっと見ると、ラフな仕事のようにも思えるが、実は、これには、この土地の風土に根ざした、自然に逆らわない、自然と調和した工夫がある。デコボコした熔岩が互いに絡み合って、ガシッと強く固定され、石垣は動かない。しかも、岩と岩との間の隙間から強風がうまく通り抜けるため、どんなに強い風が吹いても倒れないのである。

フィリピン

セブ島　港の風景

1. イロコス・ノルテ
2. アブラ
3. イロコス・スル
4. マウンテン
5. ラ・ウニョン
6. ベンゲット
7. パンガシナン
8. バタネス
9. アパヤオ
10. カガヤン
11. イサベラ
12. イフガオ
13. ヌエヴァ・ヴィスカヤ
14. キリノ
15. サンバレス
16. タルラック
17. ヌエヴァ・エシハ
18. パンパンガ
19. バターン
20. ブラカン
21. アウロラ
22. リサール
23. カヴィテ
24. ラグナ
25. バタンガス
26. ケソン
27. オクシデンタル・ミンドロ
28. オリエンタル・ミンドロ
29. マリンドゥク
30. ロンブロン
31. パラワン
32. カマリネス・ノルテ
33. カタンドゥアネス
34. カマリネス・スル
35. アルバイ
36. ソルソゴン
37. マスバテ
38. アンティーケ
39. アクラン
40. カピス
41. イロイロ
42. ネグロス・オクシデンタル
43. ネグロス・オリエンタル
44. セブ
45. ボホール
46. シキホル
47. 北サマル州
48. サマル
49. 東サマル
50. レイテ
51. 南レイテ
52. サンボアンガ・デル・ノルテ
53. サンボアンガ・デル・スル
54. バシラン
55. スールー
56. タウィタウィ
57. カミギン
58. スリガオ・デル・ノルテ
59. ミサミス・オクシデンタル
60. ミサミス・オリエンタル
61. アグサン・デル・ノルテ
62. ブキドノン
63. アグサン・デル・スル
64. スリガオ・デル・スル
65. ダバオ・オリエンタル
66. ダバオ
67. ダバオ・デル・スル
68. 南コタバト
69. ラナオ・デル・ノルテ
70. ラナオ・デル・スル
71. マギンダナオ
72. コタバト
73. スルタン・クダラット
74. カリンガ
75. ギマラス
76. ビリラン
77. サランガニ

パタンガス州ターール…革命運動の英雄や政治家を輩出した町

フィリピン共和国が誕生したのは一九四六年。それ以前、フィリピンではスペイン、英国、アメリカ、日本など他国による統治の時代が長く続いた。パタンガス州タール。フィリピン独立への痕跡が刻まれている、小さな町を歩いた。


フィリピンの首都マニラから高速道路に入る。交通量が少なく空いた自動車専用道路を十五分ほど快適に進み、一般道へ。

田園、道端に並ぶ露店の数々…。そんな村の風景を眺めながら、ローカルな道を二十キロほど南へ走る。

途中、村の人々の祭りの行列に出くわした。

旅の途中での、こうした偶然の出会い。これは、なんともいえない、興奮の時。

当然のことながら、車を降りて、カメラを構え、行列のそばへ…。

ホテル・ポンテフィーノ

パタンガスの町を通り抜けて、丘の上に建つ、まだグランドオープン前の、真新しいホテル・ポ

フィリピン

一　パタンガス州タール

ンテフィーノにチェックイン。

ホテルの正面に立つと、気持ちのよい風が吹き抜ける。

見晴らしも、いい。

噴水越しに見える山は、マクロット山。

「パタンガスにやって来る途中で、女性が横になっているように見える」と、言われた、その山だ。パタンガスで一番大きな病院がホテルの向かいにあり、丘を降りたところに見える建設中の大規模の建物は、ショッピングセンターのシューマートである。

バラコ・コーヒーをもう一杯

ホテル・ポンテフィーノの部屋数は六十室。規模は大きくないが、落ち着いた雰囲気で、客室はゆったりとした、質の高いリゾートホテル。

ホテル内のレストランで、整備中の庭を眺めながら、ゆっくりと、昼食。

食後のコーヒーは、パタンガスのコーヒーとして有名なバラコ・コーヒー。

「一七〇〇年代にスペイン人がメキシコからもってきた」

というこのコーヒーの味は、かなり、ストロング。

コーヒーを飲み終えた頃、ホテルのオーナー、リッキーさん登場。

テーブルを移動して、バラコ・コーヒーをもう一杯飲みながら、

「このホテルの従業員の制服も、すべてデザインした」

という女性も一緒に、ホテルの将来像について、リッキーさんの話を聞く。

「マニラに五つのレストランをもっている」という事業意欲旺盛なリッキーさんの話は、元気があって、いい。

このホテルの売りは、あくまでも、大規模な有名ホテルとは一味違った、フィリピーノ・ホスピタリティ。

「二週間、三週間滞在するロングステイの客がいる」

というのも、納得。

「夜のパーティーで会いましょう」

ホテルで夜に開かれるパーティーで会う約束をして、ホテルを出発。

スペイン統治時代の建物の残る、タールの町へ向かった。

白い聖人の像の教会

橋を渡る。子ども遊園地、パタンガス大学の前を通る。街には若者の姿が多く、活気といったものが感じられる。

パタンガス州は、マニラ近郊随一のマリンスポーツのメッカとして知られているが、同時にここは、革命運動の英雄や政治家を多数輩出したところでもある。それらに所縁の建物が現在も保存され、公開されている。

タール湖と、湖に浮かぶタール火山。これも見逃せない。

タールの町に入って、まず最初に訪れたところ、それは、この町のシンボル、タール・バシリカ。

その前に立つ、白い聖人の像。

守護聖人マルティン・デ・ツールスを奉るこの巨大な教会は、一五七五年の創建。

周辺には、スペイン統治時代の建築様式の家々が建っている。

バシリカの中に入ると、白い棺があった。

「だれか亡くなった人がいます」

と、案内役のＣさん。

外に停まっていたナンバープレートがＰＨＳのアルファベット三文字で始まっていた白い大きな車は、霊柩車だったのだ。

教会の中を、ツバメが飛んでいた。

教会の外に出ると、タマリンドとピーナッツ売りが声をかけてくる。

タマリンド（豆科の常緑高木）の若いサヤを半乾燥に干したもの。それに、円形に固めたピーナッツ。値段は、ともに二五ペソ、約五十円。

タマリンドの方は、黒い色をしており、ベトッとしていて、旨そうには見えないが、味は見かけによらぬもの。甘くて…。

次に訪れたのは、カイササイ。

この教会の本尊は、一〇六三年に「猟師によって水の中から発見された」と言い伝えられている。昨年、（二〇〇三年）はその時からちょうど四百年目の年。ここで四百年祭が行われた。

建物の中に入ると、本尊が発見された時の様子を描いた大きな絵が、左手の壁に掛けられている。大理石の床を清掃する、信者たちの姿。開け放たれた窓。扇風機が回り、生暖かい風を運んでいる。

フィリピン最初の国旗

フィリピン共和国の最初の国旗を作った女性は、マルセラ・アゴンシリョ。その生家がタールの町にあり、史跡として保存され、一般公開されている。建物は、スペイン統治時代の建築様式。館内には、最初の国旗の他、いろいろな旗が展示されている。ベッド、サンダル、スリッパ、机、鏡、ピアノ、服…。これらの品々から、その当時の生活ぶりを垣間見ることができる。

地下室に保存されている「最初のフィリピン国旗」を作っている三人の女性が描かれた絵も見た。中庭に、最初の国旗を手に持つマルセラの銅像が立っている。フィリピン革命の英雄、レオン・アバシブレの記録を展示しているのが、アバシブレ博物館。ここにはフィリピンの歴史に関する写真、それに帽子の数々も展示されている。レオン・アバシブレの像は、ここでも庭に。

ボールペンがナイフに変身。そんなナイフが一本、百五十ペソ。すべて手作りの、製造直売。村の工場で作っているところを見学する。

フィリピン

一　パタンガス州タール

働く男たちの元気なこと

ココヤシの林の中の道を行く。

途中に、サトウキビ畑。

左手に、小さな流れのパナシビット川。

「昔は大きな川だったのに、小さくなった」

ここでも自然環境は変化している。

タール湖の辺に出る。

湖の中に浮かぶように見える「小さな火山」、これがタール火山だ。

火山の噴火で町が埋もれ、このタール湖の中には教会も沈んでいる。その教会を見るために、海外からここにやって来る者もいる。

この湖では、食用魚テラピアの養殖も行われている。

ちょうど、箱詰めになったテラピアをトラックに積んでいるところだった。

そばに寄って、見学。

働く男たちのなんとも元気で明るいことといったら…。重そうな箱も軽々と持ち上げる。重さを尋ねると「箱一杯が四十キロ」とのこと。ついでに、値段を聞いてみると、「一箱、二千二百ペソ」。これをマーケットにもっていくと「七千ペソになる」のだという。元気なわけだ。夕暮れ時、パタンガス教会、海、そしてビーチを回って、ホテルに戻り、パーティーに合流。楽しい時を過ごすことに…。

二 マゼランゆかりの地セブを歩く

フィリピンのセブは、ダイバーを中心に日本人に人気のトロピカル・リゾートアイランド。フィリピン航空機のセブ行き直行便に乗って成田から四時間ほど、セブ島の東に隣接するマクタン島の空港に着いた。トロピカルビーチでゆったりとした時と癒しの空間を楽しみ、行き交う人々の活気で賑わうセブの街を歩きまわった。

＊

このセブも、昨年の九月十一日に発生したアメリカの同時多発テロ事件の影響を、もろに受けることになった。きっかけは、十月八日に外務省が発表した海外危険情報で、フィリピンの危険度が二にランクづけされたことだ。

これにより、日本から出発するフィリピン向けのパッケージツアーはすべて中止になってしまい、週四便のフィリピン航空セブ～関西空港便は休止、成田便も週五便から三便に減ってしまった。十

フィリピン

二　マゼランゆかりの地セブを歩く

一月十六日になって、セブ島は危険度二の状況ではない、と判定されたものの、この島を訪れる年間八十万人以上の観光客の四割を占めるという日本人パッケージツアー客は大幅に落ち込んだ。

「韓国人の観光客は増えているのに、なぜ日本人が……」

現地からの、そんな悲鳴にも似た声が伝わってきた。こうなると、

「そりゃ大変だ、それじゃあ、セブ島に行ってやろうじゃないか」

と考えて、行動に移してしまう、というのがこのぼくの単純なところ。

そんな訳で、昨年末のカナダへの旅の後、今年最初の海外への旅の行き先はセブ島に決定。一月下旬、セブ島へ飛んだ。リゾートホテルに泊まり、セブの街を一人で歩きまわった。ビーチにあるリゾートホテルに日本人はけっこういたが、セブ市内を歩いている日本人の姿なんて、とんと見かけなかったな。

＊

セブ島は南北約二百キロ、東西三十～四十キロの細長い島。その中ほど、島の東海岸に、セブ市は位置している。セブ市の人口は約七十万人、マニラ、ダバオに次いで、フィリピン第三の都会である。ココヤシの林、熱帯の花々、プライベートビーチ…。マクタン島の東海岸にあるホテルの前に広がる干満の差の大きいビーチには、ムツゴロウも生息している。そのユーモラスな動きをじっくり眺め、ゆったりとした時を楽しんだ。強烈な太陽の下、小舟でのクルージングも楽しんだ。

宿からセブ市の中心部までは、タクシーで四十分。ホテルで頼んだタクシーの料金は片道四百ペ

ソ（約八百円）、往復で八百ペソ。現地の物価を考えるとかなり高めだったが、ここは妥協して、タクシーで街へ向かう。

ホテルを出ると、そこにあるのは高床式の農家が点在する、村の道。ここで暮らす人々の公共交通機関は、バイクタクシーとトラックの荷台を座席に改造したバス、それに、自転車を改造したサイクルリキシャ。ペダルを一生懸命踏む男たち。男のこぐ自転車にはブレーキがなく、止まるときは左足で後ろのタイヤを押さえつけるようにしてストップさせる。村の道をぬけ、橋を渡って、セブ市の中心部へ向かった。タクシーを降りたのは、市庁舎前の広場。

タクシーを降りるとき、気のいい年配のドライバーが、車の番号を記したメモを渡してくれた。夕方、この同じ場所で落ち合う、その時間を確認し、さっそく、一人で歩き始めることに。

＊

市庁舎の白い建物の正面入り口左手に、郵便局の窓口を発見。切手は手に入るところで買っておく、というのが、旅でのルール。ではと、ここでも即、切手を購入。日本への郵送料金は絵ハガキ一枚一五ペソ。

市庁舎前の広場の中央に建っている六角堂の中に、大きな木製の十字架が収められている。これが、フィリピンにおけるキリスト教布教のために、マゼランが建立したといわれているマゼランクロス。六角堂の天井には、イースターの祭など、十字架製作当時の様子が描かれている。

探検家マゼランは、世界一周航海の途中、一五二一年にこの島に上陸した。その後、ここを中心として、キリスト教の布教活動を展開していった。スペインによるフィリピン統治の時代は、まさに、このセブ島から始まったのである。現在でも、セブ市内には、スペイン統治時代に建てられた建築や史跡が残り、コロン通りやオスメニア大通りなど、通りの名にもスペイン統治時代の名残がある。

市庁舎は港にも市場にも近い。すぐ裏の道を南へ行くと、もうそこは港。そして、西へ数百メートル歩くと、セブ市の胃袋、カルボン・マーケットだ。

まずは港に出た。

大型の貨物船やフェリーが停泊している。貨物船に荷を運び入れる男たち、鉄クズを車で運ぶ男、重そうな袋詰めの荷物を背中に背負って運ぶ男たち…。ここは男の世界である。

「こんばんは」

と、日本語で声をかけてくる男がいる。

昼前なのに「こんばんは」ときた。が、これでいいのだ。声をかけてくれた、ということが、大切なことなのだ。

それに応えて、こちらも、

「こんばんは」

目と目が合ってニコリ。これが、いい。

セブ大学と、船体に書かれた船も停泊している。働く男たちのじゃまをしないように、歩きながら港を観察。カメラを向け、シャッターを切る。

十番ゲートのところに、

「THE IS YOUR PORT. HELP KEEP IT CLEAN」

と書かれた看板。港をきれいに！　は、大切なことだ。

＊

暑い。歩くと、汗がタラ～リ。が、こういう汗は気持ちがいい。

午前中の市場は、港以上に活気がある。

トラックの荷台から降ろした荷物を手押し車に乗せて、市場の中へ消えていく男たち。市場の狭い通路は人と荷車で大渋滞。モタモタしていると、すぐにぶつかりそうになる。男が、生きたブタを担いだまま、歩いていく。ブタは、両方の後ろ足をしっかりとつかまれ、男の背に逆さまになったまま、ブーブー、大きな声をあげていた。

バナナ、ココヤシ、カボチャ、マンゴー、スイカ…、ラッキョウ、ネギ、ハクサイ…、サカナも並んでいる。

ニンジンは一キロ二十ペソ（約四十円）、ショウガは一キロ二五ペソ、ミニトマトは一六ペソ、キャベツは十ペソ…。

日用生活雑貨を売る店が並んでいる建物の中も歩く。が、外に出ると、ホッとする。風も爽やかだ。

マーケットのそばの道は車も多い。

交差点で写真を撮っていたら、「ゴツン」と、右足のふくらはぎに自転車がぶつかってきた。大きな荷物を乗せた自転車が、ハンドルをとられてぶつかったのだ。痛いことは痛かった。が、自転車で良かった。これが、自動車だったら…さぁ、大変。道路は注意、注意である。

＊

税関の前を通ってサン・ペドロ要塞に向かって歩いていると、船体にプリンス・オブ・ジ・オーシャンと書かれた船が見えたので、港に行って確認する。ブルネイ船籍の大型フェリーだった。サン・ペドロ要塞の前に広がる公園が独立広場。大きな木の幹の回りを石のベンチが取り囲んでいる。ここに腰掛けてひと休み。

「マネー・チェンジ。イエン（円）」と声をかけてくる男がいた。が、「ノー」と言うと、それで引き下がる。しつこく追ってくることはない。

セブの守護神として土地の人々の信仰を集めているのは、サント・ニーニョ教会。この教会の正式な名称はサン・オーガスチン教会という。が、マゼランがセブの女王に贈ったといわれているサント・ニーニョ像がこの教会に納められているため、こう呼ばれている。教会の外、道沿いの露店では、サント・ニーニョの人形が売られていた。歩いて喉も渇いてきたので、ちょっとひと休み。フィリピン最大手のハンバーガーチェーン「ジョリビー」に入る。ハンバーガー、スパゲッティ、コークのセットで五二ペソ。ここでは、ジョリビーはマクドナルドよりも人気が高い。理由はフィリピン人好みの味とメニューの中身。八ペソのソフトクリームもお勧めだ。

セブ市のメインストリートは、オスメニア大通り。この西北から南北に貫く大通りとコロン通りとの交差点あたりが中心街となっており、人通りも多い。この交差点からオスメニア・サークルまでゆっくりと歩いた。

三　ミンドロ島の小さなビーチ・リゾート

パームツリーに囲まれたビーチのほか、そこにあるのは、コテージ、それにちょっとしたレストランとプールぐらいなもの。パタンガスの南に位置するミンドロ島には、ゆっくり滞在したくなるような、そんなフィリピンのビーチ・リゾートが何カ所も点在している。ミンドロ島の最北端、ビーチ・リゾートの入口、プエルト・ガレラ。そこにある小さなビーチ・リゾート、プリ・ビーチを訪れた。

バンカと呼ばれる船で

朝、パタンガスのホテルから向かった先は、プライベートボートの船着き場。

フィリピン

三　ミンドロ島の小さなビーチ・リゾート

ここから船に乗るが、そこには港といっても、桟橋があるわけでもなく、砂浜に船が停まっているだけだ。船に渡した板の上を歩いて、大きな両翼のついた、バンカと呼ばれる船に乗り込んだ。曲げられて、束ねられた、白と青に塗られた太い竹が、バランスをとるために、船内を突き抜けて、外にのびている。「ゴーン」と、エンジン音を響かせながら、バンカは進む。

韓国資本の石油基地を見、伊豆の大室山に似た小火山を眺め、三階建てのフェリーとすれ違う。

生暖かい風も、ここでは気持ちがいい。

風を直接、肌で感じ、風景を眺める。

船の旅を楽しみながら、ミンドロ島へと近づいていく。

プエルト・ガレラの有名なビーチ・リゾート、ココ・ビーチの看板が見えてきた。

そこは通り過ぎて、一般にはまだあまり知られていないが、今回の目的である穴場のビーチ「プリ・ビーチ」へ向かう。

パタンガスからバンカに乗って、一時間弱、プリ・ビーチに着いた。バンカを降りてから「プリ・ビーチ・リゾート」まで、海岸沿いに、漁村の中を歩いていく。

朝、島の漁村。

お母さんの回りにまとわりつく、元気な子どもたちの姿。船の手入れをする男たち。散髪も、外で…。

人々の暮らしが、そこに、ある。

目が合うと、笑顔が返ってきた。

「アーユー、フロム、コリア?」

と言われ、

「ノー。ジャパン」

と答えると、

「モシモシ」

と言われた。

ここでは日本より韓国の方が繋がりが強いのだ。

ココヤシのビーチ

村を抜けたところに、プリ・ビーチ・リゾートの桟橋がある。一人の女性が出迎えてくれた。このリゾートのオーナー、アイダさんである。潮が引いて、かなり先まで海底が現れ、海はずーっと先にある。

このビーチは干満の差が大きい。そのため、引き潮の時は、海がかなり先まで後退してしまい、リゾートの前にある桟橋には船がつけないほどになる。

「今、八時半。十時ごろには水位が上がる」

と、アイダさん。

潮が満ちてから、バンカに乗って、島巡りをする予定。

それまで、プリ・ビーチのラベルのついたミネラルウォーターを飲みながら、アイダさんから話を聞くことに…。

「この周辺で、ココヤシのことは、プリ・ツリーと言います。それで、プリ・ビーチと言うようになった」「ミンドロ島はスペイン統治時代から知られていた。今、ユネスコの世界遺産にもなっている」

こちらがメモをとりながら熱心に話を聴いているせいもあってか、アイダさんの話は、周辺の自然環境や歴史的な話まで、広がりをもって、いろいろと…。

ミネラルウォーターのラベルに興味を示すと、

「水は山の方からとれます」

とのこと。

同じロゴ入りのオリジナルTシャツもある。規模は大きくはないが、プリ・ビーチ・リゾートは、ホスピタリティ精神あふれるこだわりのビーチ・リゾートとなっている。

英国人と結婚したアイダさんは、かなりしっかりとしたビジネスセンスをもったウーマンでもある。

「Ｌａｄｙ　Ａ・ｉｄａ」

と記された船があった。

「あなたの名前が船に？」

と言うと、

「そう」

と、うれしそうに。

娘さんはロンドンに住んでいるというが、アイダさんは元気で明るく、活発に、今、このリゾートを、一人で取り仕切っている。

ただのんびりと過ごす

プールがあり、その周辺には、コテージが五つ。医療器具を持ち込んで、ゆっくり静養しながら長期滞在する英国人カップル。電動椅子に乗った男性と、果物の皮をむいて食べさせる女性。韓国人の家族は、子どもと、おばあちゃん、おじいちゃんもいっしょ。韓国企業のフィリピン駐在員が、休暇をゆっくり過ごそうと、家族総出でこの島にやってきたのだ。

「ロングステイで来る人が多い」

と、アイダさんが言っていたことに、納得。

「レイジーな時を、プリ・ビーチで過ごそう」

が、このリゾートのポリシー。

ここでは何かをしようなんて考える必要はない。ふだん一生懸命働いて、疲れている人、忙しい人、そんな人がここにやって来て、のんびりとした時を、レイジーに過ごす…。それが、ここの魅力なのだ。

「ファミリーもハネムーンも来ます」

そうだろう。こんなところにゆっくり滞在したら、生き返るだろうな。

日陰のカウンターバー。

涼しい。気持ちのよい風が吹き抜ける。

桟橋からいつまでも手を振って

小型のバンカに乗って、プエルト・ガレラの中心部や他のビーチも見て回った。

ココヤシの林、漁村、ビーチ、それに、青い空…。いいもんである。

湾の中に入っていくと、マングローブの林がある。サンゴの海でダイビングを楽しむ人たちがいる。波に浸食され、えぐれたようになった地形。引っ込んだところに、砂浜がある。強烈な日差し、聞こえるのはエンジンの音のみである。

小さなバンカに、漁師が一人、立ったまま乗っている。一人で船を操り、漁をしながら、うまそうに煙草を吸っていた。

通り過ぎる船の男たちが「サワディー」と、声をかけてきた。

パラヤ・ビーチまで行き、戻る。

帰りは向かい風。バッサー、バッサーと、波しぶきが上がり、船も揺れる。

潮の干満で、ビーチも様変わり。

潮が満ちると、水位が上がり、海水がプリ・ビーチ・リゾートのすぐそばまでやって来る。

リゾートの桟橋に横付けされたバンカから、「エーイ！」と階段に飛び移る。

土地の食材を生かした料理も食べた。

「このリゾートは、あそこの村の人たちが作った。今でもこのリゾートには土地の人たちが働いている」

というのも、いい。

客がこのリゾートを出ていく時は、まるで家族の別れのよう。バンカに乗ってリゾートを出ていく客を見送るアイダさん。どの客に対しても、桟橋からいつまでも手を振っていた。

四　スービック…大きな変貌を遂げつつあるかつての海軍の町

十数年前まで、アメリカ海軍の世界最大の海外基地といわれたスービック。歴史的な国民投票によって基地の撤廃が決まり、アメリカ軍は撤退した。その広大な跡地では国をあげての再開発事業が進められ、今やここはフィリピン経済にとって重要な意味をもつ場所となっている。


「スービックに、日本人のリタイアした人も住んでいますよ」

と、フィリピン大使館の日本人スタッフが言った。

スービックは、首都マニラから約百十キロ、車で二時間の距離にある。

十数年前まで、アメリカ海軍の世界最大の海外基地といわれた、あのスービック基地がここにあった。このスービック基地は、第二次世界大戦、そして朝鮮戦争、ベトナム戦争、さらに九十年代の湾岸戦争にいたるまで、西太平洋とインド洋で活動するアメリカ第七艦隊の活動拠点として重要な位置を占めていた。そこに、今、日本人のリタイアした人たちが住んでいる。しかも、生活をエンジョイしながら、ゆったりとした暮らしをしているというのだ。

となると、「そこがどんなところなのか見てやれっ」てな気持ちになるというもの。

で、二〇〇四年一月下旬、今回のフィリピン行きで、スービックにも行くことになった。

国民投票

一九九一年、ピナツボ火山の大噴火。

噴火の様子は連日、日本のテレビでも報道された。まだまだ生々しく記憶に残るこの噴火の痕跡は、首都マニラからスービックへ向かって進んでいく途中にも、厚く積もった火山灰を見ることで、確認することができる。

ピナツボ火山から噴出した大量の火山灰は、スービック基地にも降り注ぎ、湾には四十センチ以上もの火山灰が積もった。その後まもなく実施された基地の存続か撤廃かを問う、フィリピンのいわば歴史的ともいえる国民投票の結果、アメリカ軍による平和基地協定は否決され、一九九二年、スービック基地はフィリピンに返還されることになった。

基地の跡地の面積は、約七千ヘクタール。ここには、基地だった時代に作られた二千七百メートルの滑走路をもつ空港があり、良質の港もある。基地の撤退後、スービックは、フィリピン経済にとって、重要な意味をもつ場所となった。返還された年の一九九二年、基地転換法が施行され、スービック湾都市公社（ＳＢＭＡ）が設立された。この公社が中心になって再開発事業が進められている。

スービックは、今、アメリカ海軍基地から、産業、商業、そして観光の中心地として変貌を遂げつつあるのだ。

フィリピン

四　スービック

他の町とはまるで違っている

マニラを出発して一時間、サンフェルナンドで高速道路を降り、火山灰の積もる大地、水田、水牛のいる農村風景などを眺めながら、一般道を進む。生きたカニ、スイカを道端で売っている。

一時間ほどして、林が続く緑の中の道を抜けると、風景が変わった。

ゲートを抜け、スービックに入ると、そこにあるのはフィリピンの他の町とはまるで違った別世界。東京三菱銀行と書かれた看板があった。アメリカの第十六代大統領リンカーンの名のついた通りもある。

大きなフィリピン国旗が風に揺れている。

スービックでの宿、ＳＢＭＡが管理するホテルにチェックインした後、スービックを見て回ることに。

スイートサワーポーク

「ボランティアでガイドをやってます」

というローズさんが案内役。

最初に見たのは、スペイン統治時代の門。この「スペインの最初の門」は一八八六年に作られたもの。

「スービックでＡＰＥＣが開かれました」

と、早口の聞き取りにくい英語で。

ＡＰＥＣ（アジア太平洋経済協力会議）がここスービックで開かれたのは、一九九六年の十一月のこと。

昼食は、ローカルなファミリーレストランで簡単に。

スイートサワーポークを注文。出てきたものは、味も量も、期待したものとはまるで違ったもの。珍しく、失敗。他の客の食べているのを見ると、焼きそばかヌードル系の方がまだよかったかも…。

こんなことも、ある。夜は一人でスービックの街を歩き、店の雰囲気、客の入り…、最後はカンを頼りに、気になった店で夕食。もちろん、こちらは大正解。

映画のポスター

スービックを歩いていると、ほとんどの建物に、大きく書かれた番号がついていることに気づく。これは、アメリカ海軍基地時代に使われていた建物が使われているため。アメリカ軍撤退後、基地がそのままに残っているところもある、というので行ってみた。

人の気配はまったくない。

ナンバーリングされた建物が並んでいる。

熱帯の木々は伸び放題。

外壁に映画のポスターが何枚も貼ってある建物が見えた。

「映画館?」

と、ローズさんに尋ねると、

「ステーキハウスだった建物です。昔は人気の店でした」

とのこと。そばに寄ってみると、ハリウッドという名のステーキハウスだった。その建物に貼られた映画のポスターは、十数年前に劇場で上映されていたものだ。

「この基地が撤退するときのことが舞台になった映画もあります」

と、ローズさん。『コマンドライン・グッバイアメリカ』(アメリカ、一九九七年)なんとかというタイトルの映画が、それだ。

日本企業

スービックは良質の港のある自由貿易港。大型船が停泊するだけでなく、ヨットハーバーもある。会員制のヨットクラブを覗いてみると、クラブハウスの、なんとも立派なこと。

「会員権は百八十万ペソ」

というから、三百六十万円もする。

停泊中のヨットも立派なものが並んでいる。

豊かな層がここにはいるのだ。

スービックには日本の企業も進出している。

一九九六年に設立されたスービックテクノパークは面積六十ヘクタールの工業団地。広くゆったりとした環境の中に、オムロン、三協精機製作所、山洋電気などの工場が並んでいた。

パンフレットを見ると、一九九七年にオムロンが操業を開始し、続いて二〇〇〇年に山洋電気、二〇〇一年に住建産業、日本セラミック、サンリツ、二〇〇二年に精工プレス、和田金属工業となっていた。夜、街の中心部にある「さくら」という名の日本料理レストランには子ども連れの日本人家族の姿が何組もあった。

街角で

日没後、涼しくなると、この界隈には若者たちも集まってくる。

ここで、街角ウォッチング。

値段を見ると、水は一五ペソ、マンゴージュース二二ペソ、バナナ一本六ペソ、ホットドッグ三十ペソ、ドーナッツ一二ペソ。

ローカルレストランでの食事は百ペソでしっかりしたものが食べられる。

映画館「タイムススクエアシネマ」で上映されていたのは、ラストサムライ。入場料は八十ペソ。

スービックには大型のショッピングセンターもあり、日本でよく見かけるファストフード店もある。

日本人の退職者が暮らす家が何軒か、アカシア通りに…。

観光客向けに、竹を使った皿やスプーンの作り方や火のおこし方を見せるところもある。

マングローブの中を歩くことのできるマングローブ・トレイルは入場料一五ペソ。

マングローブの林の中の木道を歩いた。

そのほかにも、見どころがいろいろと…。

五　マニラで映画を観た。食べた。泊まった。

都市や街にはいろんな顔がある。住む人々の生活の臭いがある。「マニラ」についても様々な情報がメディアを通して伝えられているが、本当の姿は歩いてみないと実感できない。そこに生きる人々の優しさに触れるとその街にいっそう魅きつけられるものだ。新しいエネルギーと日常的な時間が混ざり合う街マニラ。その素顔をのぞいてみたら…。

炎天下、ブタの丸焼き

「土曜、日曜はもっとすごいです。レチョンばかり、ズラッと並んでいます」

なまりの強いフィリピン・イングリッシュでこう言ったのは、ドライバー役のA氏。こちらの英語までグシャグシャになってしまうほどクセのある英語をしゃべるA氏と一週間ほど行動をともにした。

レチョンとは、マニラの名物料理、ブタの丸焼き。これが、旨いのだ。大きな出刃包丁で豪快にカット。とくに、皮がパリッとして、旨い。まるで北京ダックの皮のようだ。

そのレチョンを食べさせるローカルな専門店が、ラルーマ通りに何軒もあるという。

「ぜったいに行った方がいい」

と、何度も、A氏が言う。で、行くことに。

ウーン、確かに、熱心に勧めるわけである。ブタの丸焼きが、あっちにもこっちにも、串刺しの状態で店の前に立て掛けられて並んでいる。こりゃ、すごい。

車を降りて、カメラのシャッターを何度も切る。何日もいっしょに行動していたので、こちらがどんなことに興味があるか、A氏もわかってきたようだ。

「ブタを焼いているところがある。行きたいですか?」

「この近くにあるの?」

「近くにある」

というわけで、行ってみることに。

マニラの強烈な太陽の日差しも何のその。

焼いている。炎天下、男たちが焼いていた。

燃料は竹。竹を焼いて、その火の上で、串刺し、というより棒刺しの状態になったブタをゆっくり回転させながら、じっくりと焼いていく。こんがりと焼き上がったブタを、二人の男が、籠をかつぐように前後で棒を肩に掛け、歩いて店へ運んでいく。

マニラの様々な顔

マニラについて多くの日本人の思い描く一般的なイメージといえば、スラムやゴチャゴチャッとした街の様子。あまり、いい感じのものは出てこない。残念ながら、メディアに取り上げられるのも、スラムに関するものや政治絡みのものがほとんど。ほかのアジア諸国の首都に比べ「観光でマニラへ」という人の数は、多いとはいえない。

しかし、それでは、あまりにもマニラがかわいそう、というものだ。マニラにも、いろいろな顔があるのである。高層ビルが建ち並ぶオフィス街、様々な洒落た店が並び、人でにぎわうショッピングモール、それに、様々なニーズに合ったホテル。

「こりゃ、面白い街だ」

マニラを歩いて、そう思った。

今まで、なんとなく縁がなかっただけで、今後はたびたび足を運ぶことになりそうな…。

ほかのアジアの国々の街とは、また、ひと味ちがった魅力が、この街にはある。それに、安い。これは旅行者にとってはありがたい。

百二十ペソの、ラスト・サムライ

映画を観た。

タイトルは『ラスト・サムライ』(アメリカ・ニュージーランド・日本、二〇〇三年)。

マカティ地区の大規模なショッピングセンター。その四階に映画館が並んでいる。

「ここは高いです」

と、A氏が言っていたが、値段を見ると百ペソ(約二百円)。映画館によって若干の値段差があり、シネマ三で上映中の『ラスト・サムライ』は百二十ペソで約二百四十円。

スービックでは八十ペソだった。また五十ペソぐらいのところもあるとのことなので、確かにここは「高い」ということになる。が、日本に比べれば…。しかし、高いか安いかは内容を見てからに。で、時間を見ると、始まりは午後四時十分、七時二十分、十時三十分の入れ替え制。この日の夕食は七時過ぎに予約があったので、あわてて用事をすませ、四時十分の回にギリギリ、映画館へ。

入場券は席を指定して購入。空いている席の中から、見やすそうなJ―十の席を選ぶ。

一枚の入場券は三つの部分に分かれていて、入る際に、その中央の部分がもぎ取られて、残りがもどされる。カメラは入口でチェック。あずける。

フィリピン

五　マニラで映画を観た。食べた。泊まった。

「こんなに広く、ゆったりした映画館、日本にあったかなあ」

そう思った。映画館の中は広く、天井は高い。スクリーンもでかい。係の女性に案内され、ゆったりとした座席へ。身体をのばして、かなり横になれる。前後、左右もゆったりとしている。

客の入りは四分の一程度。

このぜいたくな空間の中で、迫力満点の『ラスト・サムライ』を観た。

エアコンは強め。ほかのアジアの国々と同じで、これがサービス（?）。もちろん上着持参で。

マニラに行ったら、映画はお勧め。観なくちゃ損、というものだ。

本と地図を買う

本屋ものぞいた。

フィリピンの自然を中心に、地球科学全般について書いた本が二百五十ペソ。紙質は良くないが、内容はわかりやすくて、よくまとまっている。で、購入。

地図はフィリピン全図や世界地図が十ペソ、一二ペソといった値段。十枚ほど、購入する。

フィリピンで人気のファストフード、ジョリビー。今回も、一度はここへ。スパゲティ、ハンバーガー、ソフトドリンクセットに、ソフトクリームもつけてもらって、六十ペソ。

ジョリビーは地元資本のファストフードチェーン。スパゲティとハンバーガーの組み合わせが気に入っている。ヤキソバやカレーもある。食べながら、土地の人々の様子を観察。

ショッピングセンターの二階にあるレストラン「カマヤン」も人気の店。

フィリピン料理と日本料理がミックスされていて、食べ放題。女性ウェイトレスは浴衣姿で、髪の毛を後ろに結わいている。寿司、テンプラ、刺身…、どれも土地の人にも大好評。寿司、マグロの刺身も、旨い。フィリピンのローカルフードもいろいろと食べる。種類は豊富で、目ではどれも食べたいと思うのだが、腹いっぱいで降参。もちろん、レチョンはしっかりと、食べた。これで二百七十五ペソ。

ギターの生演奏もあって、客席を順に回ってくる。日本人とわかって、日本語で歌いだした曲は、いとしのエリー。

マニラは、食も楽しみなところなのである。

三つのホテルに泊まる

宿もいろいろ。今回のフィリピンの旅では、マニラを基点に、その周辺を回った。

マニラでは三種類のホテルに泊まった。

まずはバックパッカーに人気の経済的なホテル。マラテペンション。

客は西洋人のバックパッカーがほとんど。「オーナーが友人」という知り合いの紹介で泊まった。

夜の一一時すぎにチェックイン。中庭やホテルに隣接するバーは大にぎわいであった。荷物を部屋においてから、道路に面したレストランで、トーフにパスタを食べながら、ローカルビールのサンミゲルをグーイと一杯。

「日本人の学生も泊まります」と、マネージャー。

次はウェスティンホテル。

創業二十八年になる、この大規模なホテルの現在のオーナーは、日本の鹿島建設。昔はマルコス大統領がオーナーだったところ。海外でのホテル勤務の経験豊富な川添氏が営業部長として日本人宿泊客を増やそうと努力している。なんと、妹さんがわが教え子とわかり、食事をともにすることになり、苦労話をいろいろとうかがった。

そして、マニラで一番といわれるマカティのシャングリラホテルにも泊まった。

ロケーションは最高。客室もいい。

チェックインは、客室に案内されて、サインするだけ。室内はすべて、曲線のイメージ。

ソファーに腰をおろしたり、ベッドに横になったりしてみると、この部屋のゆったり感がよくわかる。インターネットだけでなく、FAXも各部屋から送受信できる。重要な商談も外部に知られることなく、情報の交換ができる。ビジネス客に人気、というのも納得だ。もっとも、ビジネス客でなくても、こんなホテルにゆっくり滞在できたら、喜ぶだろうけどね。旅の最後の夜、この宿で、ゆっくりと…。

ブルネイ

オマール・アリ・サイフディンモスクのライトアップされた夜景

街は整然とし、人々はいたってのんびり

まるでお伽の国に迷い込んだよう

「東マレーシアのサラワク州とサバ州の間あたり、ボルネオの北の方、豊かな国で、石油と天然ガスが採れて…」

ブルネイという国についてこのくらいの知識があれば、マシなほう。多くの日本人にとって馴染みの薄い国だが、この国で採れる天然ガスのほとんどは日本へ輸出されている。ブルネイを実際に訪れて歩いてみると、まるでお伽の国に迷い込んでしまったかのような、そんな不思議な気持ちになった。たしかに豊かな国だと思う。他のアジアの国々でごく普通に見られるような雑踏、混沌とした賑わい、それがこの国にはない。街は整然としていて、人々の暮らしはいたってのんびりとしたもの。ウーン、である。

＊

この国の正式な国名は、ネガラ・ブルネイ・ダルサラーム。ネガラは、マレーシア語で国を、ダルサラームは平和の郷を意味している。

ブルネイ

街は整然とし、人々はいたってのんびり

一九世紀後半から英国の保護領となり、独立したのは一九八四年のこと。王国であり、イスラム教を国教としている。南シナ海に面した、カリマンタン（ボルネオ）島の北西海岸に位置し、面積は五七六五平方キロ。三重県とほぼ同じ広さの国で、シンガポールの約十倍。人口は逆に、シンガポールの十分の一の約三二万人。そのうち十万人ほどが、首都のバンダル・スリ・ブガワンに暮らしている。

通貨はブルネイ・ドル。レートはシンガポール・ドルと同じで、ブルネイ国内ではシンガポール・ドルがそのまま運用する。ロイヤル・ブルネイ航空の直行便が関西空港とブルネイとを五時間半で結んでいたこともあるが、現在は、日本からこの国への直行便はない。

一九九九年九月、マレーシアの首都クアラルンプール経由で、ブルネイに入った。

いっさいアルコール類を飲むことはできない？

「ブルネイにはどこにもアルコール類が売られていない」

そう聞いていた通り、国内に酒を売る店や酒を飲ませるバーは一軒もなく、夜の街も健全そのもの。ブルネイのレストランで初めて食事をしたとき、メニューを開いてアルコールの類が載っていなかったのがわかっていたのに、つい「ビール」と言ってしまい、「ありません」と言われてしまった。

九月の上旬。日中、太陽はほぼ真上から照りつける。強烈な太陽の下、外を動き回ったあと、エアコンの効いたレストランで、グーっと一気に飲むビールは……、我慢、我慢。

では、ブルネイではいっさいアルコール類を飲むことができないのか。というと、必ずしもそうでもないのである。短期の滞在ならその間に自分が飲む分ぐらいならなんとか…、ご安心を。

入国するとき、イスラム教徒でない者に限って、缶ビールは一二本、ウイスキーなどのアルコール類はボトル二本までは持ち込みが認められている。

入国審査の後、税関申告。

「申告するものはありますか?」

のあと、

「お酒ありますか?」

と、質問された。

ただし、酒を持ち込む場合、入国するときに、きちんと申告しなくてはならない。そして、飲む場所も、公共の場での飲酒は控え、あくまでも、プライベートルームで、がルール。お忘れなく。

＊

ブルネイでの宿はこの国で最も歴史のある、ブルネイホテル。ダウンタウンの中心に建つ老舗のホテルで、一九五八年の開業。バスターミナルのすぐそばにあり、オープンマーケットのあるキアンゲ川にも近く、街を歩くにはとても便利。もっとも、ダウンタウンといっても、銀行、郵便局、マーケットやショッピングセンターなどは街の中心部にかたまって分布しており、歩いて周れるほ

ブルネイ

街は整然とし、人々はいたってのんびり

どの広さ。

しかし、この国では、外を歩いている人を見かけるのは、街の中心部を除くと、めずらしい。自転車やバイクの数も少なく、移動はほとんど乗用車で、という国。祈りのとき、モスクの回りには路上駐車の自動車が並び、水上生活者の住むカンポン・アイルに面したブルネイ川の岸辺にはズラッと自動車が駐車している。

水上家屋に暮らす人々は、陸との移動はボートで、陸にあがったあとは自動車で、という生活をしている。カンポン・アイルはこのブルネイ川の上に造られた水上の集落。そこに三万人もの人々が暮らしている。

「ここで暮らしている人の七〇%は国家公務員です。生活も安定しています。涼しいこともあって、ここに住みたくて住んでいるのです。九三%がイスラム教徒です」

と、現地ガイドのKさん。

他の国では水上生活というと、決して豊かな暮らしぶりを連想しないが、この国の場合は、ちょいと事情がちがう。

三万人が暮らす水上集落　カンポン・アイルへ

では、と、モーターボートに乗って、カンポン・アイルに向かうことに…。

大きなエンジン音を鳴り響かせながら、スピードをだし、ブルネイ川を行く。

マングローブの林の向こうに旧モスク、オマール・アリ・サイフディン・モスク。街にこのモスクより高い建物はない。

一九五八年にこのモスクができたとき、この辺り一帯はマングローブの林だったとのことだが、今、カンポン・アイルには、三万もの人々が暮らし、学校、警察、店、そして、モスクもある。建物への上り口は階段になっている。干満の差がけっこうあるが、水の高さが変化しても、これなら対応できる。それぞれの建物は木道で結ばれており、学校帰りの制服姿の子どもたちが歩いていた。

一軒一軒の民家の内部はけっこう広く、奥に長い。訪ねた家の奥の台所は作業場にもなり、朝市で売るチマキを作っていた。居間には、ソファーセットが二組。

「男女別々に」とのこと。

茶を飲み、サゴクッキーとチマキを食べた。

家も道もすべてが木でできているカンポン・アイルを歩いてみると、「水陸両用の消防署があります」というのも、納得。

＊

ブルネイで美しいのは夕景と夜景。

日が沈むころ、ブルネイホテルを出て、ホンコン銀行の角を右折。そこから眺める夕焼けをバックにしたモスクのある風景はなんともいえない。

夜になると、街の中心に建つオマール・アリ・サイフディン・モスクはライトアップされ、その

ブルネイ

街は整然とし、人々はいたってのんびり

姿が池の水面に反射される。大理石の船がその手前にシルエットのように黒いまま残るのもいい。

酒を飲む場所のないブルネイ。夜の最大の楽しみは、ジュルドン・パーク・プレイグラウンド。郊外のジュルドンに一九九四年に作られたこの豪華な遊園地は入場するのも、乗り物に乗るのも、すべて無料（二〇〇〇年三月七日から一回二ブルネイ・ドルかかるようになった）。施設も照明も立派。ふだんは夜の一二時まで、木曜は夜の二時までオープン。とくにライトアップされた噴水が音楽に合わせて踊る、九時から九時半に行われる噴水ショーはみごとだ。行列に並び、待って乗る、ということはまずない。こちらが行くと動かしてくれる、そんな感じだ。回転しながら上っていくスカイタワーからの眺めが気にいって、なんども乗った。祈りの時間にはすべてがストップ。で、そのときに夜店で食事。ナシゴレンとココナッツジュースで七ドル。約五百円。

市場を歩く。まずはシティバンクに寄って二十ブルネイ・ドルおろす。このときのレートは一ブルネイ・ドルが約六八円。

キアンゲ川の左岸に沿って並ぶ店を順に見ていく。タマネギ一キロ一・五ドル。ニンニク一束一ドル。キュウリ三本一ドル。大きなナスが四個で一ドル。バナナが一キロ一ドル、タマゴは二四個五ドル。そのほか、ココナッツ、トウモロコシ、スイカ、ダイコン…。食料品、日用雑貨、衣類…。市場を歩いていると浮き浮きしてくる。

ヤンサン・コンプレックスはちょいと洒落たショッピングセンター。外観は伝統的な、マレー風。この大きな現代建築の中にはブランドショップから、家具、本屋…、スーパーマーケットにフード

コート。アルコール類以外はなんでも揃っている。

スーパーマーケットをのぞく。

スイカ一キロ八十セント、リンゴ一個二九セント、メロン一キロ一・九ドル、パパイヤ一キロ二ドル、スターフルーツ一キロ三ドル、ドリアン一キロ六・五ドル、アップルジュースが一リットル九九セント。この国のペットボトル入り飲料水「シハット」もあった。六百ミリリットル入り、六十セント。

*

バスは車体が紫色。街の中心部は一回一ドルの均一料金制。路線図があって、わかりやすい。一番のサークルラインが便利だ。ガソリンは一リットル五三セント。約四十円。産油国にしては安くないのは、採った原油を海外に輸出し、そこで製油したものを逆輸入しているため。

ダウンタウンから西方にちょいと離れたところに一九九四年にできた新モスク、ジャメ・アスリ・ハサナル・ボルキア・モスクがある。

英国から独立した一九八四年に建造された王宮（イスタナ・ヌルル・イマン）は年に一度、断食明けに一般に開放される。男女別にビュッフェの食事、王様との握手、おみやげ付で。

マレーシア

ペトロナス・ツイン・タワー

一 クアラルンプール…変わる街、変わらない味

訪れるたびに新しい発見

スズを採掘すると泥が出る。その泥が川を流れて河口へ。すると、河口付近の水は泥で濁る。それが街の名前になった。クアラルンプールは、「泥の河口」を意味する言葉だ。

街の周辺を飛行機に乗って上空から眺めると、スズを採掘した跡に水がたまり、まるで湖のような窪地を確認することができる。しかし、今、クアラルンプールの街にスズ鉱山を連想させるようなものは見あたらない。わずかに地名にその痕跡を残すのみである。

＊

クアラルンプールは大きく変わった。最近のその変化の速さは驚くほどである。

一九九九年四月、九月、そして、二〇〇〇年の一月、クアラルンプールにはよく出かける。ぼくのお気に入りの、そして、気にかかる街なのだ。真新しい高層ビル、公共交通機関、ショッピングセンター、緑の多い公園、街路樹、イスラム寺院、郊外のゆったりとした住宅群。ほかのアジアの街とはちがった風景がそこにあり、チャイナタウンや市場も活気がある。

マレーシア

一　クアラルンプール

街を歩くたびにあちこちが変わり、新しい発見がある。それが楽しい。

マレー系、中国系、インド系の人々がそれぞれの文化を守りながら暮らす、複合民族国家マレーシア。クアラルンプールはその首都である。

マスジットジャメは今世紀初めに建てられたこの街最古のイスラム寺院。ゴンバック川とクラン川の合流点、街の中心に位置しているが、現在では、高層建築に取り囲まれてしまい、まったく目立たない存在になってしまった。一九六五年に国立モスクができるまでクアラルンプールの中心的なモスクだったこのマスジャットジャメには、いまでも金曜日の昼の礼拝時になると、多くの人々が集まる。このモスクの柱に使われている大理石はマレーシア産のもの。境内にはバナナやパパイヤの木があり、実もなる。

＊

ゴンバック川の対岸にある歴史を感じさせるレンガ造りの建物は旧連邦事務局ビル。建設されたのは一八九七年。現在はここに最高裁判所と高等裁判所が入っている。

クアラルンプールのメインストリートに建っていて、通りの向かい側はスランゴールクラブのグラウンド。このグラウンドの反対側からの眺めが、けっこう気にいっていて、この街に来ると必ずここにやってくる。ここから撮った写真を比べてみると、一年もすると新しいビルが建って、風景が変わってしまうほどだ。

長方形をしたグラウンドの一方に建つ国旗掲揚のポールは、「世界一高いポールです」とのこと。

グラウンドのポールとは反対側に、市民の憩いの水場がある。夜になると、この水場に光があたり、旧連邦事務局ビルの建物全体もライトアップされる。チャイナタウンからも近いので、夜、しばしば、ここにやってきて、夕涼みをする。

旧連邦事務局ビルの中央の時計塔は高さが四一メートル。以前はクアラルンプールのランドマークになっていたが、この時計塔よりも高いホテルやオフィスビルがどんどん建つようになり、いまでは、高さよりは百年という歴史を刻んだ歴史的建造物として存在している。

高さを競うノッポビル

今、クアラルンプールで最も目立つ建造物といえば、それは、KLタワー。ブキッ・ナナスに建つ高さ四百二十一メートルのKLタワーは、トロント、モスクワ、上海にあるタワーに次いで、世界で四番目に高いテレコミュニケーションタワーだ。

街を歩いていると、ほとんどの所からこのタワーが見える。ということは、このタワーに上れば、クアラルンプールのほとんどを見ることができる、ということ。

で、上ることに。

チャイナタウンからはすぐそばに見える。「近い」と思って歩いてみると、これが、けっこうシンドかったりする。何といっても、このタワー、丘の上に建っているのだ。

九月の上旬、強烈な太陽の下、歩いた。昼の十二時、KLタワーに着く。この時間、この時期、

マレーシア

一　クアラルンプール

太陽はちょうど真上にある。立って、身体をピンっとのばすと、影ができない。見上げると、天からまっすぐギラギラとした日の光が落ちてくる。これも、旅での楽しい体験のひとつだ。

ＫＬタワーの展望室は、高さ二百七十六メートル。エレベーターに乗って、一分。料金は八リンギッ（約二百四十円）。係員の対応もいいし、展望室からの眺めもいい。最高である。

三百六十度、ぐるりと、飽きることがない。

見える、見える、チャイナタウン、マスジットジャメ、旧連邦事務局ビル、スランゴールクラブのグラウンド、ゴンバック川とクラン川…、伊勢丹の入っている Lot10 のあるブギッ・ビンタン界隈、それに、世界一高い建物・ＫＬＣＣ（ペトロナス・ツイン・タワー）…。

浮き浮き、ワイワイ。ガラスに接近して、カメラを向ける。これでは、フィルムがいくらあっても足りない。ここからは、クアラルンプールのすべてが見える。そう言っても、けっしてオーバーな表現ではない。

＊

ペトロナス・ツイン・タワーは八十八階建てで、高さは四百五十メートル。一九九九年の九月にオープンした。高さ世界一のこの二本のビルは、下の方はショッピングセンターになっているが、ほかはオフィスビル。一般向けの展望室はない。で、下から「高いビルだなー」と、見上げるだけで、我慢。しかし、競馬場の跡地に建てられたこのビルのすぐ下には広いオープンスペースが広がっている。

そこには公園があり、池があり、子どものための様々な遊戯施設がある。熱帯マレーシアの強烈な日差し。池はそのまま子どもプール。子どもたちが水に入って元気に遊んでいる。水場は子どもたちの天国だ。噴水もいい。

＊

クアラルンプール中央駅の西側に広がるゆるやかな丘陵地帯にも緑が多い。その中にレイクガーデンがあり、国立博物館やプラネタリウムもある。早い時間、熱帯の強烈な太陽に照らされて気温が上昇する前、博物館の外の空気が湿り気をおびてどことなくヒンヤリした感じの中を歩くのが一番気分がいい。のんびりと歩きながら、いいアイデアが浮かび、「シメタ」と思ったこともある。歩きながら考えごとをしていて、いつの間にか、水をたっぷり含んだ熱帯特有の芝生の中に入り込んでしまい、靴がビショビショに、なんてこともあったが…。

歩きつかれたら、まるで扇を広げているかのような格好をした大きなヤシの木のそばに寄って、その木陰に入る。ヤシもいろいろ。昔の旅人はこの木の下で休んだ。で、このヤシのことをトラベラーパームという。何十畳にも広く根がはって、それが地上に出て、自然の複雑な網目模様を作りだしている大木もここに。ぼくのお気に入りの木だ。

屋台と市場巡りは止められない

高層ビルが建ち、自動車の数が増え、クアラルンプールも街の風景が変わるにつれて、街のどこにでも見られた屋台が表通りからは徐々に姿を消していった。しかし、一本裏通りに入ると、そこは、やはり屋台の世界。日が落ちて涼しくなると、人々は屋台に集まってくる。

また、ローカルなマレー料理の店には、柱があるだけで、もともと扉や壁なんてないのがふつう。店に入って、ズラーっと大皿に盛られて並んだ料理を一通り眺め、何を食べるか決め、あとはその料理を指させば、プラスチック製の皿に盛って、手渡してくれる。

料理の名前がわからなくても、現物がそこにあるので、まったく問題なし。名前を知りたいときには尋ねる。ただし、「これなんていうの？」的な言い方はダメ。片っ端から知っている名前を言っていくのがいい。たとえば、店頭に並ぶ果物の名前を知りたいときには、「バナナ？　メロン？マンゴ？…」と果物の名を次から次へと言っていく。すると、相手は、「違う、違う、そうじゃない」ってな顔をしながら、その果物の名前を言ってくれるのだ。これも、旅の途中で体験から学んだこと。

まあ、何を食べても、これが、安くて、旨い、ときているから、うれしい。

食べるのはフォークとスプーンで。結婚式に同席させてもらったときには、マレー式に、右手の指を使って食べたが…。

一人で屋台で食べるときは、まず、マレー版焼鳥・サティーを五～六本。そして、次に、いろいろと…。イスラム教徒のマレー人はブタ肉を食べないが、ここには中国料理もインド料理もある。もちろん、ビールだって飲める。カラフルなマレー菓子もいい。ドリアンにマンゴスチン。トロピカルフルーツにジュースも新鮮で種類も豊富。「食」は旅の大きな楽しみのひとつ。大いに楽しまなくちゃ。

市場にも必ず行く。スーパーマーケットでは日本と同様にパック入りになってきれいに並べられたところが多くなったが、市場はちがう。魚でも肉でも、もとの姿がわかる。それを目の前でカットして売ってくれる。

歩きながら売り場に並んでいる野菜などを見ていると、形もサイズもバラバラ。その辺の畑から取ってきたものをそのまま並べた、そんな感じ。ところが、これらを実際に食べてみると、驚く。旨い。その野菜の本来のスッキリとした味がする。これだから、どこに行っても、市場巡りは止められない。

二 サンダカン…オランウータンを森に帰すための施設もある旧英国植民地

マレーシア・サバ州のサンダカンは、カリマンタン（ボルネオ）島の北東部に位置しており、コタキナバルとの間には標高四千九十四メートルのキナバル山がそびえ立っている。

コタキナバルを飛び立ち、途中、雲の上に頭を出したキナバル山を眺め、サンダカンへ向かった。

マレーシア

二　サンダカン

リトル香港？

サンダカンに行ってみるまでは、サンダカンというと、小説『サンダカン八番娼館』（山崎朋子、一九七二年（新装版、文春文庫、二〇〇八年））を連想したぐらいで、その他のイメージはとくに思い浮かばなかった。

が、何かの本に、「サンダカンは、いわば、リトル香港だ」といったことが書いてあったのが、なんとなく記憶に残っていた。こういうふうに香港が引き合いに出されるときは、路地の入り組んだ九龍の、あの町並を意味していることが多い。そのため、サンダカンの街も、ゴチャゴチャっとしているのかな～と、漠然と思っていたのだが…。

実際にサンダカンに行き、ダウンタウンを歩いてみたら、町並は、香港とはだいぶ違っていた。共通していることはといえば、ともに、英国植民地だったことや、海に面していることぐらいである。それでも、街を歩いていたら、ホンコン・ドリンクハウスという冷たい飲物を売る店があった。サンダカンと香港とのあいだにはなんらかのつながりがあるのかも…。

からゆきさんの墓地

ダウンタウンの主な道は、ほとんど、海岸線に並行して走っているか、直交しているかのどちらかで、歩きやすく、わかりやすい。広い街ではないので、ほんの数時間歩いただけで。街の概観をとらえることができる。

しかし、ダウンタウンから離れて、丘の上に入っていくと、そういうわけにはいかない。

小説『サンダカン八番娼館』には、日本人墓地の話が出てくる。からゆきさんが埋葬された日本人墓地があると書いてあったので、行ってみることにした。

ウムバッ通りから、警察署の西にある、丘へ入っていく狭い道を上っていく。人がほとんど通らないような道だが、途中、熱帯の木々の隙間から、サンダカンの街が一部見渡せる。この道を上りきった当たりに辺りに日本人墓地があるはず。すぐに見つかるものと思って気楽に考えていたのだが、見つからない。いったん戻ったり、あっち行ったり、こっち行ったりしたのだが、わからない。

墓地だけに、ボチボチ出てくるやろ、ってなふうに考えたりもしたが、出てこない。

で、結局、引き返すことに。

こんなこともある。

海岸沿いのマーケット

干しナマコが路上に並べられてあったり、マレーの伝統的な菓子やローカルフードが食べられるオープン・マーケット。そのオープン・マーケットからまっすぐ南西方向に、海岸線と平行して走る通りがある。

名前は、プライヤー通り。この通りの名前の由来となったプライヤーというのは、英国統治時代

マレーシア

二　サンダカン

に設立された北ボルネオ会社の、最初のサンダカン駐在員の名前だ。そのとき植民地の拠点になったのが、通りにも名前の残る、プリ・シム・シムである。

プライヤー通りに面して、バス・ステーションがあり、セントラル・マーケットがある。

このプライヤー通りと山側に同じように海岸と平行して走る通り、ルポ・ティガとの間に、サンダカンのほとんどの店はある、そんな感じである。

ルポ・ティガを西へ行くと、名前がレイラ通りと変わり、海岸に沿ってさらに西へ行くと、木材の積出港へと通じている。五十年代から七十年代にかけて、このサンダカンはラワンなど南洋材の積出港として栄え、この港も賑わった。日本へも、この港から、大量の木材が輸出された。

また、ルポ・ティガを東の方向へ歩いていくと、プリ・シム・シム通りにつながっている。

セントラル・マーケットのとなりに、フィッシュ・マーケットがある。

中に入ると、威勢のいい声が聞こえる。活気があって、魚の種類も多い。

市場の中を抜けて海に出ると、漁師が漁船の中から魚を網ですくって、陸揚げしているところだった。セントラル・マーケットには、野菜、果物…。種類も多く、ビーフもある。

サンダカンに暮らす人々の胃袋の面倒を一手に引き受けているのが、海岸沿いのこれらのマーケットである。

自然林に囲まれたホテル

バス・ステーションが、ここでの交通の要となっている。サンダカンへは、コタ・キナバルやラナウなどから陸路、バスでも行くことができる。が、これらの長距離バスが到着するのは、街の中心から北へ四キロほども離れたところにある、長距離バス・ステーション。

街の中心への移動は、そこから、また、バスに乗る。

宿泊先のサンダカン・ルネッサンスは、この途中にあった。

ホテルから、毎日、サンダカンの街まで一キロほどの道のりを歩いた。

行きは下り坂の道で、気分良く、自然を満喫しながら歩いた。しかし、帰りは上り坂。夜おそくなって、暗い道を一人で歩くのは、ちょいとしんどかった。

が、ホテルに戻ると、疲れも吹っ飛んだ。熱帯の自然林に囲まれた、このリゾートホテルは、客室もゆったり、快適だった。午前中、デスクに向かって原稿を書きながら窓の外の風景を見るのが楽しみだった。

夕焼けも、良かった。

リハビリするオランウータン

街を歩くことの他に、もう一つサンダカンにやってきた目的があった。

セピロックのオランウータン・リハビリテーション・センターを訪れることである。

ここは、いわゆる動物園ではない。

様々な理由で母親と別れてしまったために、保護された子どものオランウータンが森の中で自活できるように、トレーニングをする場、つまり、オランウータンを森に帰すための施設なのだ。

自然のままに保たれた、熱帯のジャングルの中にこの施設はある。

ビジター・インフォメーション・センターでオランウータンの生態やこの施設の活動内容についてのビデオも見た。プラットフォームAと呼ばれる大木の途中に作られた台の上に係員がバナナを持っていくと、森の中から、ロープを伝わって、オランウータンが集まってきた。

観察場所に通じる木道にも、子どものオランウータンがやってくる。

ここにやってくる人間は危害を加えることがないのを知っているせいか、安心して人に近づいてくる。なんとも、人なつっこいのである。うっかりしていると、シャツをつかんでひっぱったり、持ち物にも手を出してくるので、油断は禁物だ。

深い森の中、といっても、やはり暑い。汗がタラ～リ、流れてくる。気もちがいい汗だった。

シンガポール

シンガポール最大のモスク、サルタン・モスク

街全体がガーデンシティ

ルールはあるが何でも〝禁止〟ではない

「わーきれい。東京よりきれい。ゴミもないし。」

広い並木道。ゆったりとした歩道。ライトアップされた店の数々。夕食後、ホテルを出て、それらの店をのぞきながら、オーチャード通りを何人かの学生たちと歩いたとき、そのなかの一人がこう言った。

オーチャード通りはシンガポールのメインストリート。日系の百貨店をはじめ、大型のショッピングセンターやファッショナブルな店が通りの両側にズラーっと並ぶ。若い女性に人気の通りだ。歩きやすい道である。道もきれいだ。

タバコの吸い殻が落ちていることもなく、ポイ捨てする人の姿も見掛けない。

しかし、だからといって、この土地の人々が皆マナーがいいから、と、その理由を簡単にマナーの問題にのみ結び付けて説明してしまうのには、ちょいと無理があろうというもの…。

実際にこの街を歩いてみると、ほんとうにきれいな街だと実感する。そして、どんな人でも、た

101 シンガポール

街全体がガーデンシティ

とえふだんはポイ捨てをしているような人でも、ここでは、自分自身がゴミやタバコの吸い殻をその辺の路上にポイ…、ということにはまずならないことに気付くことになる。

なんでか？　まず、ゴミ箱の数が多いのだ。ほんの何メートルかの間隔で、ズラーっとゴミ箱が並んでいるのである。とくに、店の周辺、人の多く出入りするようなところには。

したがって、ごく自然に、ゴミはゴミ箱へ、と、なるのである。

＊

五月下旬、都内の某ホテルで開かれたあるパーティーでこんなことがあった。

「ありがとうございました。お会いしたらお礼を言おうと思って…」

「え、何かしましたっけ」

「タバコ吸えました。どこでも吸えるんですね。言われた通り、いたるところに吸い殻入れがありました」

ハハ～ン、である。

初めてシンガポールに行くというH氏に、「シンガポールではタバコが吸えないって言うけど、本当ですか？」

と、以前尋ねられたことがある。そのとき、「そんなことはないですよ。吸い殻入れはどこにもあります。店の外にもありますよ」

と、答えたことがあったっけ…。

タバコの嫌いな人にはいまいましいことになるのだろうが、喫煙愛好家にとってはこのことはとても重大なことなのである。

シンガポールには厳しい規則がいろいろあって、タバコもいっさい禁止。そんなふうに、だれかに脅かされたらしい。実際のところ、この国には街の美観を保つために、様々な規則があり、罰則もある。それは事実。しかし、タバコがいっさい禁止、というわけではない。当然のことながら、禁煙場所ではノースモーキングだが。

＊

シンガポールには、この国独自の罰則規定がいろいろある。たとえば、ゴミやタバコの投げ捨てで有罪になると、初犯の場合は最高で一千シンガポールドルの罰金、再犯の場合は二千ドルの罰金と公共の場所の清掃。公共の場所でツバやタンを吐くのも禁止。これも初犯一千ドル、再犯二千ドルの罰金。公共トイレで使用後に水を流さないと罰金、というものもある。

横断歩道から五十メートル以内の場所で道路を横断するのも五十ドルの罰金。

また、この国ではチューインガムはいっさい禁止されており、持ち込んでも罰金だ。

街の中心への車の乗り入れも厳しく制限されている。

タバコの路上へのポイ捨ては当然、禁止。しかし、吸い殻入れは実にバランス良く設置されている。なんでもかんでも、ただ禁止して、取り締まって、罰金、というわけではないのだ。

ルールはあるが、だからといって、窮屈な国なんだ、と考えてしまうのも問題。要は、ルールを

シンガポール

街全体がガーデンシティ

守って、スマートに行動を。それだけのことである。緑が多く、街全体がまるでガーデンシティのような…シンガポール。自然の豊かなこの街は、「自然にできた」わけではないのだ。ちなみに、オーチャード通りのオーチャードとは英語で果樹園のこと。果樹園だったところが、緑の多い現在のきれいな街に生まれ変わったというわけだ。

＊

シンガポールにやってくると、華やかな大通りに足が向く。実は、この通りの途中に個人的なことで気になるところがあるのだ。それは高島屋。その四階にある本屋。

「なぜ、気になるのかって…?」

それは以前何気なく覗いて見たときに、わが本が平積みされていたことがあったから。で、今回も…?

ありました。ありました。三修社発行の『長期滞在者のための現地情報・マレーシア』という本が並んでいました。けっこう目立って、何冊も。いい本屋ですね。で、気分はルンルン。いい気になって、街へ。なんとも単純な…、お許しを。

シンガポール川河口に屋台ムード健在

シンガポールの面積は六百四十平方キロで、淡路島とほぼ同じ。そこに約三百万人が暮らす。四分の三が中国系、マレー系が一五%でインド系が七%の複合民族国家。

「学校に入学すると、中国系は北京語と英語、マレー系はマレー語と英語を勉強する」

とのことで、この国での共通語は英語、ということに。気候は赤道直下の熱帯モンスーン気候。年間を通して高温多湿。はっきりとした雨季・乾季の区別はない、といわれるが、北東モンスーンの卓越する十一～三月に、雨の量は多い。

「四～八月が乾季で、五月が一番暑い」

と言う土地の人が多い。もちろんその時期にも激しい雨の降るスコールはある。

雨もよし、暑いのもよし、ぼくはそういったことが全く気にならない。だって、土地の人はどんな季節にもそこで暮らしているのだから。そこに暮らしがあるのだから。その暮らし、それが見たくて、旅に出るのだから。

*

初めてシンガポールを訪れたのは二十年以上も前のこと。いま、この街では、ほかのアジアの多くの街で見られる、路上の屋台風景を見ることはない。路上から消えた「屋台」は建物の中に入ってしまった。いや、押し込まれてしまったのだ。街を歩いていてローカルな百貨店やショッピングセンターに入ると、様々な店の一角にローカルレストランが紛れ込んでいたりする。そこにはまさに、あのアジアの屋台の味がある。なかには、建物の中、そのあたり一帯に、その匂いをプーンと撒き散らしている、なんてところもあったりする。

手軽にアジアの味を楽しむには、ビルの地下にあるフードコートへ行くのが一番。中央にズラー

105

シンガポール

街全体がガーデンシティ

っとテーブルが置かれ、その回りに様々なローカルレストランが並ぶ。お気に入りの料理を手に、空いたテーブルを見つけて、席に着き、食べる。エアコンのしっかりときいた、その空間で。日中、ギラギラ照り付ける太陽の下、汗をタラーリ。あるいは、吹き抜ける自然の風を感じながら、汗を拭き拭き食べる、あの感じは、ここでは味わえない。汗をビッショリかきながら食べたあとの、あのなんともいえないさわやかな気分、これが、ぼくはけっこう気にいっている。

いま、日中その雰囲気を味わえるのはシンガポール川の河口付近ぐらい。また、この辺りはシンガポールで最も歴史のあるところ。みどころも多い。七十年代、シンガポール川の河口付近にはまだはしけの小船を見ることができた。今、そこに見るのは、観光客を乗せた遊覧船のみ。

シンガポールは変わった。

このシンガポール川の河口付近も様変わりしてしまった。が、魅力がなくなったというわけではない。いまでも、気になる場所だ。シンガポールにやってくると、必ずここにやってくる。

昼、屋外の屋台でミーゴレンや汁たっぷりの麺類を食べる。ココやしのジュースを飲み、ときには、かき氷・アイスカチンを食べる。

ラッフルズ上陸記念の地はこのすぐそば。

ラッフルズの像に挨拶をして、遊覧船に乗り、シンガポール川を下る。マーライオンを見て、マリーナ・ベイをぐるりと回って、潮風を肌で感じ、こんどは川を上る。高層ビルが建ち並ぶ。川沿いにレストランが続くボート・キー。さらにクラーク・キーにもいろいろな店ができて、観光スポットに。夜はライトアップされて、さらに人気の場所になる。

本場の味より家の味がお気に入り⁉

今年の一月下旬、旧正月前、チャイナタウンは華やかだった。市場もふだんにまして活気があった。シンガポール最大のサルタン・モスク前の並木に大きなカタツムリ。それを見つけて大喜びの六歳の娘とラッフルズホテル内の中国レストランで昼食、飲茶。点心が次々に出てきた。旨かった、と思っていたのだが…。あるとき娘が、「ラッフルズホテルはきらい。だって料理がおいしくない」と言った。

そう、味は人ぞれぞれ。本場の味より、家で作る味の方が、子どもにとってはお気に入り、ということもある…⁉

インドネシア

自由・勇気を表す赤と
正義・純潔を表す白

国　旗

金色の神鳥ガルーダと
建国 5 原則を表す盾

国　章

バタム島…スコールが降って、島は今日も、とてもいい天気

シンガポールからフェリーに乗ってシンガポール海峡を渡る。シンガポールの街の高層ビルがまだ遠くに見える。そんな近さのところに浮かぶ、インドネシアのバタム島。三十年前は漁村だったその小さな島が現在、観光と経済開発の島へと大きく変わりつつある。季節は一年で一番暑い乾季。スコールが降って、島は、今日も、とてもいい天気。

「インドネシアのバタム島」への取材の目的で行く話が起こったとき、

「バタム島、はて、どこにあるのかな?」

と、正直に言えば、その島の位置どころか、名前すらまったく認識していなかった。

シンガポールから船で行くインドネシアの島、といって連想するのはビンタン島ぐらいなもので、ほかには、どこも思い浮ばなかった。

それは何もない島?

大学やメディア関係の、ぼくの回りにいる連中にバタム島の話をしても、この島の名を聞いて、どこにあるのかを知っている者は、唯一、航空会社に勤めるSさんを除いて、他にはだれもいなか

インドネシア

一　バタム島

った。

そのSさんにしても、バタム島について、

「前にシンガポールから行ったことありますけど、小さな町があったくらいで、他にはとくに何もなかったような…」

といった程度。何か特別に印象に残るようなところではなかったとのことだった。アジアの島なのに、街の旅行代理店に山と積んである様々なツアーのパンフレットを見ても、この島の名前が載っているのを見たことがない。今までぼく自身行ったことがなく、しかも、その島は世間一般の人にもほとんど知られていない。それだけで、興味、大ありである。こういうところが、実際に行ってみると、いろいろな発見があるものなのだ。

「こりゃ、おもしろそうだぞ」

ってなもんで、ぜひとも、出かけて行って、どんな島なのか、この目で見てこなくっちゃ。

というわけで、さっそく、日程調査。都合をつけて、その話に乗ることに。

「今日はいい天気」

まずは、シンガポールに飛んで、一泊。翌日、シンガポールから船に乗って、インドネシアのバタム島へ向かった。

五月の下旬。季節は乾季の真っ最中。一年中で一番雨の少ない時期ということになるのだが、マレー半島の南部からこの地域一帯では、乾季だからといって、まったく雨が降らないというわけでもない。今回のバタム島への旅の最中にも、ときに、激しく雨に降られた。

強烈な日光の下、朝から入道雲が天に向かってむくむくとのびていき、そのうち水平に広がり出す。白かった雲は、次第に重く暗い灰色に変化していく。そうこうしているうちに、雨がザーッ、と降り出すのだ。熱帯特有のスコールである。

「今は乾季で、一番暑い時期です。でも、今日はいい天気です」

と、土地の人が言うとき、それは、晴れの日ではなく、雨の降った日のことなのである。なぜなら、雨のあとは、気温が下がって、涼しくなるからである。観光地をバスに乗って回る観光客にとっては、雨が降らずに晴れた日がいい日、ということになるのだろうが、熱帯に暮らす人々にとっては、晴れたカンカン照りの暑い日よりは、雨が降って涼しくなるほうがいい日、ということになるのである。

スカッと晴れた熱帯の青空、その空に浮かぶ白い雲…。そういった自然の風景の写真を撮るためには、晴れの日のほうがありがたいのだが…。

シンガポールから二十キロ

バタム島行きの船は、シンガポール、ワールドトレードセンターから出る。乗っている時間は短くても、バタム島は別の国。パスポートコントロールを通って出国手続きをすませてから、乗船。

インドネシア

一　バタム島

出航は、九時三八分。バタム島到着は、九時四七分。

「エッ、たったの九分？」

と、思われるかもしれないが、そんなことはない。時間はすべて、現地時間で表示される。二十キロほどしか離れていなくても、シンガポールとインドネシアのバタム島との間には一時間の時差がある。

そのため、シンガポールの港を出るとすぐ、時計の針を一時間戻し、バタム時間の八時三八分に。で、実際に船に乗っていたのは、約一時間、ということになる。冷房の効いた客室はさけて、二階のオープン席に行く。

外の風景を眺める。

進行方向左手に、セントーサ島。

ロープウェーがひんぱんに行き交う。

マーライオン像も見える。

天気は、くもり。どんよりとした空。こちらではこれを「いい天気」というのだろう。すれ違うフェリー、コンテナを積んだ船、鉄くずを摘んだ船…、様々な船を眺め、気もちの良い風を肌で感じながら、バタム島へ向かった。

インドネシア入国に際しては、ビザが必要。が、ビザの取得はいたって簡単。三日間の滞在までは十ドル、三十日までなら二五ドル、入国時に米ドルを払うとその場ですぐに出る。インドネシアの通貨はルピア。米ドルの十ドルを両替すると、八万ルピアになった。

しかし、島を回ってみると、バタム島内では、どこでも、シンガポールドルがそのまま使えた。この国の通貨、ルピアで払おうとすると、まず先にシンガポールドルでいくら、となって、そのあと、レート計算してから、ルピアならいくら、と、そんな感じであった。

小さな漁村だった昔

港の周辺は今まさに、建設ラッシュ。

港のそばに建つバタム工業開発公社の建物もまだ新しい。

「三十年前は、人口六千人の小さな漁村だった」

という島が、様変わりした。

今、この島では工業、そして観光開発が急ピッチで進められている。

バタム島の開発計画はこの島単独で行われているのではなく、一番北に位置し、これらの島のなかで最大のこのバタム島から南東に連なるレンパン、ガランという二つの島と、そのほか四つの小さな島々を六つの橋で結び、総合的に行われている。バタム島、レンパン島、ガラン島、この三つの島を総称して「バレラン」というが、現在、様々な人工的な施設は、バタム島に集中している。

「バタム島は工業をメインにして、レンパン島とガラン島は、これから観光に重点をおいて開発していく」と、バタム工業公社の役員。

現在、バタム島の経済は工業が中心だが、全体の投資額のなかで観光の占める割合が一六％というのだから、これもかなりのもの。

バリ島につぐ観光の島に

日系企業も進出している。

「シンガポールからそのままシフトしてきたり、シンガポールにある企業の子会社もここに進出してきています」

日本にいると、あまり馴染みのないこのバタム島も、シンガポールにいる人たちにとっては、身近な存在なのである。一九七八年には三万人だったこの島の人口も、現在は五六万人に増加。

バタム島を回ってみると、島のあちこちで、工業団地、住宅団地、商業施設等の建設現場を見ることになる。それは、かなり質の高いものが多い。

「七つの港のうち四つは荷物の積出港で、三つは観光客を受け入れるフェリーボートです」

バタムセンターのフェリーターミナルが、シンガポールからこの島にやってきたときに着いたところ。ここが、観光客を受け入れる一番大きな港になる。盛んに工事が行われているのは、そのためのもの。

この島にはインドネシア最大の四千メートル滑走路をもつ空港もある。

「人口的につくられた貯水池は六ヵ所あり、工業団地は一七ヵ所ある」「二〇〇三年にバタム島を訪れた観光客の数は一二九万人で、インドネシア国内ではバリ島についで第二位です」「日本ではほとんど知られていない。いかに日本での知名度を上げることができるか…」

バタム工業開発公社で、いろいろな話を聞いたが、日本に対しての期待も大きいものがある。

海峡はあるが、国境はない

長官のイスメット・アブドラ氏にも会った。

甘い紅茶を飲みながら、資料のパンフレットに載っていた写真を見て、

「シンガポールが見えるでしょう」

と言った。シンガポールは近いのだ。

「シンガポールに住んでいて、バタム島に出勤してくる人もいます」

アセアンの人々にとっては、ここには海峡があるだけで、国境はない、ということなのである。

「これからは、観光に力を入れていきたい」

そうも言った、長官。観光に対する期待の大きさを強く感じた。

この日は、午後も、市役所にも行って、取材、ということになっていた。

その前に、ケディリーという名のレストランで、東ジャワの料理を食べる。チキン、野菜の炒め物、魚の唐揚げ…。ザルに入ったご飯を主食に、いろいろなローカル料理がテーブルに並ぶ。野菜に混ざった青唐辛子はかなりの辛さ。それも、噛むと、少し時間を置いてから、ジワ〜と辛さが効

いてくる。

「小さい青い唐辛子は、小さいほど辛い」

と言われ、確かに、と、実感。なにごとも、身をもって体験して、自分で確認する。これ、大切なこと。なんでも、まずは、食べてみなくっちゃ、ね。

雨宿りのビール

食事中にスコールがやってきた。

熱帯地方に降る雨は、いったん降り始めると、それこそバケツをひっくり返したかのように、激しく降る。

しかし、その雨が長く降り続くことはめったにない。土地の人は、この激しい雨の中、カサをさして外に出たりはしない。あくまでも、自然に逆らわずに、自然と共存しながら、自然の恵みを素直に受け入れて、暮らしている。雨が降り出したら、雨宿りをして、止むのをただ静かに待っているのがいいのである。スコールを眺めながら、ローカルビールのビンタンビールを飲む。これも、いい。これで、さあ、行動再開、という頃には、雨はすっかり上がっている。

スコールのあとは、ありがたいことに、気温もグッと下がり、涼しくなる。

島の繁華街で

バタム島の中で、最も賑やかなところは「ナゴヤ」地区。

「えっ、名古屋?」

そう、バタム島に行き、「ナゴヤ」と聞いて、ぼくも、真っ先に愛知県の「名古屋」を連想した。

「戦争のとき、日本の名古屋連隊がここを駐屯地にしていた。それで、その名前が残っている」

とのことで、実際、このナゴヤという地名は、日本の名古屋と関係があったのだ。「ナゴヤ大通り」という立派な通りもある。道路標識にも、その名があった。ナゴヤには、昔からの市場があり、通りには屋台や露店が並び、ファストフードや様々な店の入ったショッピングセンターもある。

バタム島で一番高いビルは、このナゴヤ地区に近い、ジョドー地区にある。

「まだできてから半年ぐらいしか、経っていない」

という二一階建てのビルの最上階のスカイラウンジに上ってみると、「ナゴヤ」地区の全景をすぐ下に見ることができる。スカイラウンジ「天」は、見晴らしの良い、回転しない、円形のレストラン。夜、ここからシンガポールの夜景を眺めながら、食事をした。

ピアノの生演奏、ゆったりとした空間、背もたれの長い椅子。雰囲気も、いい。グアバジュース、マッシュルームスープに、焼いたエビ…。しかし、一番のご馳走は、ここからの眺め。

インドネシア

一　バタム島

自然の中のリゾートホテル

気分の良くなったところで、宿のホリディイン・リゾートへ。

中庭のプールサイドに立って、空を見上げると、一面の星。サソリ座が見え、天の川もうっすらと確認することができる。街から離れた、このリゾートホテルには、自然がいっぱいだ。同じバタム島の別のホテルで、ホテルの入口付近を大トカゲがノッシノッシとゆっくり歩いているのを見たこともある。

プールサイドから、客室のある棟へ歩いていくと、

「キッ、キッ、キッ、キッ」

と、音がした。ヤモリのお出迎えである。壁には、まるで「キ」の字のように張り付く、ヤモリの姿が何匹も。

六つの橋を渡って島めぐり

朝、起きて最初に見る風景は、熱帯のスカ～ッと晴れた青い空、それに、白い入道雲。旅に出てこそ味わえる、このゆったりとして気分、貴重だね～。

バタム島から、南に連なる島々を結ぶ六つの橋をすべて渡って「バレラン」の先端まで行くことに。バタム島からトントン島へ。最初の橋が一番長く立派なテングウ・フィサビリラ橋。

橋の一番高いところで、ストップ。見晴らしはいい。海と島々。魅力的な自然。交通量は少なく、車はほとんど通らない。

揚げ物と水を売る男がいた。水は三千ルピアで、四十円ほど。

島を貫く、この立派な道路は、熱帯の赤い大地を削ってつくったもの。環境保護の観点からは若干、問題も。で、この道路に沿って、植林事業がＮＰＯを中心に行われている。のちほど、この橋のバタム島側で、地元の子どもたちといっしょに木を植えることに。

四番目の橋を渡って、レンパン島へ。漁村を歩く。小船のある風景。高床式の家、ラワン材を運ぶ男たち。木陰で休む、母と子。大きな炭焼き窯もある。

ガラン島、そして、六つ目の橋を渡って、ガランバル島まで行き、島の最南端の漁村を訪ね、村を歩いた。屋外カラオケの大音響が静かな南の島の漁村に流れていたが…。目が合うとニッコリ。笑顔がなんともよかった。

レンパン島へ戻り、海に面して建つローカルレストランで、昼食。イカリング揚げ、エビ、カニ、巻き貝、野菜、魚の揚げ物、チャーハン…、ボリュームたっぷりの海の幸を堪能した。

空が重く、暗くなり、そのうちピカピカゴロゴロ、雷の発生。ここでも、スコール体験。

ベトナム

民族衣装を着て、自転車に乗って……。

旅の始まりは北の「ハノイ」…縁起がいい「福」という名の店から

ベトナムを北から南へ、ひとり旅。まずは、ハノイの街をじっくり歩く。その後、フエまで飛行機に乗って飛び。フエからホーチミンまでは、一人ベトナムの人々に混じって長距離列車に揺られて、のんびりベトナム旅情を楽しむことに…。ベトナムの首都、ハノイ。その空港に初めて降り立ったのは、十二月下旬の、夜八時ちょいと前のことだった。気温は、摂氏二五度。

レーバンヒュー通りの「福」

ハノイは、静かな、落ち着いた、田舎の街。それが、空港からハノイの中心部に向かいながら感じた、第一印象。

機内食は食べていたものの、なんとなく、小腹がすいてきた。

「何か食おうか〜」と、考える。ここはベトナムである。

となれば、最初に食べるものは、ベトナムの米の麺、フォー、ということに。「フォーならここが旨い」といわれていた、レーバンヒュー通りの「フク」という店に行く。旅の始まりに「福」なんて名前の店で食べるなんて、縁起がいいというものだ。フォーを注文。小さな椅子に腰掛け、待つ。出てきたものは、見た目は細めのうどんといった感じ。唐辛子とニンニクを入れ、ライムをポタポタたらして、食べる。

「この店は、土地の人にも人気の店で、昼間はいっぱいになります」

と、貿易会社に勤める日本人のTさん。

裸電球の明かり。小さな、低い椅子。

薄暗い店内で、土地の人に混じって、フォーを食べる。値段は、百円弱。味も、いい。こういうオープンなローカルレストランで、土地のものを食べる。これも旅の大きな楽しみのひとつである。

宿は「アーミー・ホテル」

都会より、田舎の方が性に合っている、という人は、誰でも、

「ベトナムは北の方がいいですよ」

と言う。

「北と南は違います。北の方が街の様子や人々の暮らしぶりが落ち着いています」

ハノイに暮らすTさんも、南のホーチミンと比較して、そう言った。

「気候も違います。北には台風が来ますが、南には来ません」

「北は緑が多いです」

「今は冬です。三月ぐらいが寒いです。セーターを着ることもあります」

ベトナムは、南北に細長い国。

ベトナムが北と南の二つの国に分断されていた時代に南ベトナムの首都だったサイゴン、現在のホーチミンを中心とする南部と、ハノイを中心とするこの北部とは、経済的にも、自然的にも、大きな違いがある。ホーチミンが経済の中心なら、ハノイは政治・文化の中心都市である。

ハノイでの宿は「アーミー・ホテル」。

シャンプー、石鹸の他、くしや歯ブラシもついていて、風呂は広め。蛇口は日本製で「カラン」「シャワー」とカタカナで書いてある。改修間もないといった感じで、ホテルの名前から想像していたものよりは良かった。

室内のミニバーを開けると、ハイネケンやタイガービールなどといっしょに、ベトナムのローカルビール、３３３（バーバーバー）も並んでいた。では、と、さっそく３３３でハノイにカンパ～イ。

フランスの植民地だったという歴史のあるベトナム。朝食のパンが旨かった。

ホテルで、コーヒーを注文。

「ブラック・オア・ホワイト?」

「ホワイト・プリーズ」

カップの底にドロッと、スキムミルクがたっぷり入ったコーヒーを飲んだ。

ホー・チ・ミン廟で

ベトナムの民族的な英雄、ホー・チ・ミンが亡くなったのは、一九六九年の九月二日。今、遺体は、ベトナムの国花であるハスの花をかたどった総大理石造りのホー・チ・ミン廟に安置されている。受付にカメラを預け、列にしたがって歩きながら、顔にライトを当てられたホー・チ・ミンの遺体を見た。

モモ、ウメ、ビンロウ、竹…、廟の周りに見られる植物はどれも、ベトナムに自生しているものばかりが集められている。このなかで「竹は、ホー・チ・ミンの故郷から運んできた」というものが植えられ、大きく育っている。外に出て、道なりに歩いていくと、廟の裏手に、ホー・チ・ミンが住んでいたという高床式の木造りの家が、そのままに残されている。

ここも見学者の列が絶えない。

机にベッド、時計…。フランス語の本だけでなく、英語、中国語、日本語の本も並んでいる。日本人形は、日本の芸術家からのプレゼント、とのこと。池にはコイが泳ぎ、ベトナム紅葉は色づいていた。パパイア、ザボンの木もあり、ベトナムリンゴの木には小さな実がなっていた。

ハスの花の一柱寺

南に少し歩くと、一本の柱の上に乗った仏堂が池の中に建っている。「これが、一柱寺です」

ちょいとユニークなこの建物は「ハスの花に見たてて建てられた」もので、夏になると、池のハスの花が一面に咲いて、きれいだという。一柱寺のバックに、上の方がカットされた菩提樹の木がある。

「あれは、菩提樹の木ですね」

と言うと、

「これはホー・チ・ミンがインドに行ったときに持ち帰り、植えたものです」

と、Tさん。さらに、

「ベトナム人の七五％が、たぶん仏教徒です」

とも言った。

そばにある白い建物は、「ホー・チ・ミン博物館」。その立派な建物の前で、民族衣装を着た少数民族の団体が、建物をバックに、記念写真を撮っていた。

ホー・チ・ミン廟の前の広い通りがフンブオン通り。

この通りの向かいにある広い広場が、中国の天安門広場に似ているといわれる「バーディン広場」。この広場に面して、外務省や国会議事堂が建っている。歴史博物館で遺跡から発掘された銅鼓の数々を見、ベトナムで最初の大学が開設された文廟（孔子廟）をゆっくりと見学し、ハノイの北にあるタイ湖畔に建つベトナム最古の寺「チャン・クオック寺」を訪れた。

ハノイ駅、市場、旧市街の賑わい、ホン川に架かるロンビエン橋、青空マーケット…、精力的に

ベトナム

一　旅の始まりは北の「ハノイ」

ハノイの名所旧跡などを回り、郊外の村も訪れた。

水上人形劇とカエルの木魚

ゆっくりと一人で歩いて面白いのは、ホアンキム湖周辺。夜もいい。夜景を楽しみながら、静かな湖畔を歩いた。「ホアンキム湖」の北東の角、そこに水上人形劇場がある。ここは、ハノイに行ったら、是非とも行きたかったところ。もともとは農村での収穫の祭りのときに、屋外で演じられていたものがルーツといわれるこの水上人形劇。

夜、ライトアップされた劇場に行き、窓口で四ドル払って、座席番号の書かれた入場券と水上人形劇で流れる音楽入りのカセットテープを受け取り、劇場内へ。

暑い。汗、タラ~リ。劇が始まるのを待っていると、扇子のプレゼント。

ベトナムの伝統楽器の音色に合わせて、人形が次から次へと水面から姿を現し、テンポ良く、コミカルな動きで楽しませてくれる。最後には、人形を操っていた人たちが腰まで水に浸かって、一列になって現れる。ホアンキム湖の北側がハノイの旧市街。この辺り一帯は「ハノイ三六通り」と呼ばれるように、狭い路地が入り組み、古い家並みが続く、ゴチャゴチャとした地域。ここが、面白い。シクロに乗って、街を回り、店を覗きながら、歩き回った。

「ケロケロケロ」と音を出すカエルの形の木魚が店先に並んでいた。

気になって見ていると、店の女の子が手にとって「ケロケロケロ」と、手本を見せてくれる。ご両親も出てくる。自分でやってみると、これが、実に面白い。大きさによって、また、棒の動かし方によって、音の高さも変わる。値段は大きい方が二ドル、小さいのが一ドル。気に入ったので両方とも買うことに。

二　ベトナムの古都・フエをゆっくり歩く

ベトナム航空機に乗ってハノイを出発、古都・フエに向かう。しばらくして、窓の外を見ると、水路と水田、それに塩田…。ゆったりとした、のどかな、農のある風景が広がっている。

飛行高度が徐々に下がっていく。

フエの空港が近づいてきた。

眼下に見える風景は、まさに、昔、地理の教科書で見たような、平和な「ベトナムの農村」だ。

ハノイからおよそ一時間半、フエに着陸。空港で、フエの案内役、白いアオザイを着たチーランさんの出迎えを受ける。

まずは、予約してあったフエでの宿、フォンザンホテルへ向かう。

水田、牛、農家、村の人々の暮らしぶり…。車の中からこれらの風景を、浮き浮きしながら眺める。街へ向かうまでの道中、これも楽しい。

途中、魚を積んだ自転車を追い越していく。

「魚を市場に持っていって売ります」

「こちらでは一年間に三回、お米がとれます」

「フエは一九九四年に世界文化遺産になってから、観光客が増えてます」

水田の間の道を進みながら、チーランさんからフエについていろいろな話を聞いた。

フォン川に映える夕焼け

フエはベトナム最後の王朝、グエン朝（一八〇二～一九四五年）の都が置かれていたところ。ゆったりと流れるフォン川はこの都の大動脈だった。この川に沿って、その周辺に王宮や寺院、それに歴代の皇帝廟が点在している。フエの街はこのフォン川をはさんで、王宮のある旧市街と新市街とにはっきりと分かれており、両者はチャンティエン橋とフースアン橋の二本の橋によって結ばれている。

フォンザンホテルは、チャンティエン橋のやや下流、フォン川に面して、新市街側に建っている。二十五号室。フォン川に面した部屋に入る。窓の外に広がる広い空間、川のある風景、行き交う船…。眺めは申し分なし。部屋から見た日没の風景、フォン川に映る夕焼けは忘れられない。

もうすぐ、テト

十二月の下旬。ベトナム最大の年中行事、テト（旧正月）までは、約一ヵ月。

実のついたキンカンの木は、テトには欠かせない。街角でキンカンの木を見かけたとき、ハノイ近郊のホクダウという村にキンカン畑を見に行ったときのことを話すと、

「その村は犬の肉でも有名です」

と、チーランさんは言い、さらに、

「一番高くて美味しいのは黒犬で、とくに黒犬の前足を食べたら、心臓の病気を治すことができます。北の方の人は犬の肉とビールが好きです」

と言った。

キンカンのことをフエでは「ガンボ」と言うが、ハノイでは「クィッ」と言うのだということも、このとき初めて知った。同じベトナムといっても、フエと北のハノイとでは、気候だけでなく、食習慣などにも違いがあるのだ。

火炎樹の並木道で

フォン川に架かるフースアン橋を渡り、王宮のある旧市街へ。

王宮へと通じる石の門をくぐる。右の方を見ると、子どもたちが戦車にぶら下がって遊んでいた。

二　ベトナムの古都・フエをゆっくり歩く

「私はフエでこの道が一番好きです」

火炎樹の並木のある《八月二十三日通り》を歩きながら、チーランさんは言った。

王宮の正面門である午門の上にのぼり、眺望を楽しむ。フラッグタワーは一九六九年にできた国旗掲揚台。

「旗の赤は血、星は団結を表しています」

そんな話を聞きながら、王宮の敷地内を、ゆっくりと散策。

中路橋を渡りながら、池を見て、

「ここも、夏にはハスの花が咲きます」

太和殿の玉座を見て、

「本物はハノイ博物館にあります」

と、チーランさん。

実は、フエに来る前、ハノイでこの玉座の本物はすでに見ていたのだが、説明されて改めて納得する。

王宮の外に出ると、切手を売っていた。

旅の途中では、切手は国によって、場所によって、なかなか入手できないことも多い。手に入るときに買っておくのがベストというもの。で、買うことに。二万六千六百ドン。五万ドン札を渡して、おつりが二万三千四百ドン。

「二百ドンで何が買える?」

と言うと、

「アメが一個買える」

との答えが返ってきた。一人で取材の旅に出かけ、まったく一人で歩き回るときには問題ないが、現地でガイドがつく場合、そのガイドの資質とともに、相性の良し悪しはけっこう重要となる。フエは大当たり。

火炎樹の並木にカメラを向けていると、

「火炎樹の花は学生の花です。六月から夏休みまで咲きます。外国にいる友達は『チーランさん、火炎樹の花をひとつ、送って』って書いてきました。火炎樹、みんな好きです。子どものとき、火炎樹の実を食べました。美味しいですよ」

と、こちらの興味ありそうなことを感じ取り、スマートに話してくれる。

大賑わいのドンバ市場

夕暮れ時のドンバ市場も、大賑わい。小さな椅子に腰掛けて食事をする人。生きたままのニワトリをバイクの後ろの籠に入れ、市場を後にする人…。

「お祭りの日にはよくニワトリを食べます」

バラの花五本、四千ドン。ここではバラも自然のまま、トゲがある。ハスの実を試食、甘い。一万五千ドン。ショウガ、スイカの実、スルメ…、バナナの花も売っていた。チャンティエン橋を渡って、左折。フォンザンホテルに戻り、シャワーを浴び、洗濯。着替えて、三階のレストランで夕食。

フエのローカルビール、フーダビールを注文。一人で、乾杯。紫色のアオザイを着たウエートレスが運んでくるベトナム料理の数々を腹いっぱい食べた。ホテルで食事。でも、これで終わりではもちろんない。いつものように、食後の一休みの後、外に出て、街を歩く。気持ちの良い風を肌で感じ、パチン、パチン、蚊の攻撃にも耐え、土地の店に入り、フーダビールも飲んだ。

線香作りに忙しい女性

街の南方、フォン川の上流側に、トゥドゥック帝廟やカイディン帝廟など歴代の皇帝廟が点在している。そのなかのいくつかを訪ね、歩き、写真を撮って回った。途中、村の中の道を行くと、道端に線香が干してあったので、ストップ。ふたりの女性が線香を作っている。そばに寄って見学させてもらった。

「もうすくテトですからね」

ということで、大忙しなのだ。

歴史的に価値のあるものや、観光名所を訪れるのは、もちろん楽しいが、旅の途中でのこういった予期せぬ出会い、これが、なんともたまらなくいい。一般のツアーでの旅行では、途中でストップして、予定を変えて行動するなんて、無理なこと。一人だからできること。まあ、旅もいろいろ、それぞれのリズムで、できることを、楽しみながら…。

ホー・チ・ミンも学んだという学校、クォック・ホックに行って、学内を見学し、若い校長先生にも会った。学校の外の道路には信号がない。バイクがひっきりなしに行き交うその道を渡るとき、ゆっくりゆっくり歩いた。バイクが走っているその道をゆっくりゆっくり歩くと、バイクの方が避けてくれるのだ。あわてて、走ってしまうと、ドカーンということに。道の渡り方にもお国柄が…。

三　ローカル寝台特急で、ホーチミンへ

午前九時ジャスト、列車はフエ駅を出発、南へ向かった。目的地は、ホーチミン。フエからホーチミンまでは、空路、飛行機に乗って移動すれば、二時間弱の距離。が、ここは、のんびりと、ほぼ丸一日かけて、ベトナムの農民風景を眺めながら、ローカル列車の旅を楽しむことに…。

ベトナムの長距離列車

ひとつのコンパートメントに、上下二段に分かれて、ベッドが四つ。

そこに、この列車に偶然に乗り合わせたベトナム人の男三人と、このぼく、計四人。

列車が動き出すと、すぐに、女性乗務員が検札にやってきた。

三枚綴りの切符を見せると、上の一枚と三枚目が取られ、真ん中の一枚だけが戻された。

ベッドの下の隙間に荷物を押し込み、ベッドの上に腰を下ろす。

窓は小さめで、しかも、金網つき。

これでは動く列車内から、窓の外の風景を撮るのは、ちょいと無理。

動き出すと、列車はけっこう揺れる。背筋を伸ばしていると、ときに、頭が上段のベッドにぶつかる。

「ガタンゴトン、ガタンゴトン」と、騒音もかなりのもの。

日本で走る最新型の快適な寝台特急と同じ、というようなわけにはいかない。が、それはそれ。どうってことない。フエからホーチミンまで、ベトナムの土地の人にまじって、長距離列車の旅を経験すること、それも今回の旅の目的のひとつ。なんでも初めてのことというのは、浮き浮きした気分になる。同席の三人の男たちとも仲良くして、大いに楽しまなくちゃ。

水田、夕焼け、見上げるオリオン

フエを出発してから、一時間半、最初の食事が出てきた。割り箸、楊枝、お手拭きペーパー、それに、水もついている。温かいチキンスープは、旨かった。ブタ肉とモヤシ炒めはマアマアの味で、チキンはやや大味といったところ。

十一時二十分、川を渡る。

竹でできた、丸いたらいのような形の船に乗って漁をする人々がいた。

水田地帯を行くと、水路で釣り糸を垂らす人の姿を見かける。

十一時四十分、ストップ。ダナン駅。二十分間の停車。ホームに降りて、辺りの見学。ここで、列車の進行方向が変わる。

動き出してから、トイレへ。便器の上にまたがり用を足すと、直接、ベトナムの大地へ肥料の提供（?）。

「ブーブー」と汽笛の音。

列車のアナウンスは、ベトナム語のみ。

十二月の下旬。水牛、バナナ、ココナッツ、農家…。農村風景が続く。水田地帯では、腰を屈めて、田植えをしている。

午後四時四十分、二度目の食事。これが、早めの夕食。右手に割り箸、左手にプラスチックのスプーンを持って、揺れる車内であぐらをかいて、四人で仲良く食事。

五時十五分、ストップ。十分間の停車。ホームに降りて、夕焼けを眺める。駅の売店に向かう客も多い。

同席した三人の男のうち一人はスルメを買い、もう一人はバナナを買ってきた。

次に列車が停車したのは、九時三七分。

ホームに立つ。見上げると、星がきれいに輝いている。オリオン座がすぐにわかる。夜空一面に散らばる星座の数々を楽しむ。

夜の売店は、列車の乗客で大賑わい。

九時四五分。「ブー」という汽笛とともに、列車が動き出す。

三人の男たちとも、かなり打ち解けてきて、酒や食べ物を勧められる。夜食のサンドイッチも、遠慮なくいただく。パーティー気分で、列車の旅を楽しみ、いい気分になって、おやすみなさい。

翌日は五時過ぎに起きる。まずは、洗顔。外はまだ真っ暗だ。五時二八分になって初めて、英語のアナウンスが流れた。

五時三八分、ストップ。サイゴン駅に着く。

サイゴンからホーチミンへと街の名前は変わったが、駅名はサイゴンのまま。

着いたのは早朝のサイゴン駅

まだ暗い早朝のサイゴン駅。が、人はかなり出ている。三枚綴りの残りの一枚のキップを渡し、外に出て待合所へ。ここで現地案内役のTさんを待ち、合流。ホーチミンでの宿、レックスホテルへ向かう。ホテルにチェックイン。部屋は四二二号室。レロイ通りとグエンフエ通りの交差するところに位置するレックスホテルは、一人で街を歩き回るには最高のロケーション。しかも、泊まった部屋から、二つの通りの交差点が丸見え。ありがたい。荷物を部屋に置き、一時間ほど休んでから、さっそく街へ出た。

まずは、朝の活気あるホーチミンの街の様子をザーッと見てから、あとでゆっくり街を歩くということに。

グエン・フエ通りをサイゴン川へ向かう。

ホーチミンを走る車で一番多いのはバイク。それも、三人乗り、四人乗りはあたりまえ。

「大人三人はダメ。子ども二人はオッケー。家族四人は見逃されます」

と、Tさんは言うが、五人乗りもあったりして、それも、かなりのスピードで走り去っていくのもあって、ヒヤヒヤする。絵葉書売りが寄ってくる。セットで一ドル。街の主だったところを知るのには、こういった絵葉書がけっこう役に立つ。で、中身をチェックしてから、一セット買う。

従来のバイク、朝の市場

ドンコイ通りからレロイ通りを通って、チョロン地区へ向かう。

マスクをしてバイクに乗る女性がけっこういる。排気ガス対策である。

チョロン地区へと通じるチャオフンダオ通りにラタンの並木が続く。ホーチミンの街路樹には、このラタンの木が多い。

「ラタンの木は、百数十年前のフランス植民地時代からです」

と、Tさん。

バイクが多い。なんといっても、

「人口が六百万人くらいのところに、バイクの数が二百万台ぐらい」

というのだから、道路の主役がバイク、というのも納得というところ。

前にキューピーをくっつけた車を発見。

「結婚式の車です。十一月から一月が結婚シーズンです」

とのこと。これだけは、バイクに花嫁さんを乗せて、というわけにはいかないようだ。

チョロン地区に入ると、とたんに、漢字が目に入ってくる。店の看板などに、漢字が使われている。

露店の数々、路上の屋台で朝食を食べる人、天秤棒を担ぐ人…。

朝の市場の周辺は大賑わい。活気がある。その中を歩いていると、こっちまで元気になってくる。

どこで食べようかな、と店を覗きながら、ぶらぶら歩く。

選んだ店は、明るく元気な女性のいるところ。客も旨そうに食っていた。

まずは、ホー。そして、ベトナムのお好み焼き、「バイン・セオ」。ついでに生春巻きも注文。ニョクマムにつけて食べる。これが、どれも、旨いんだな〜。夜、街のレストランで食べた、ハスの実入りの五目ご飯、「コム・セン」も旨かった。ベトナム料理はどれも、ぼくの口に合う。で、つい食べ過ぎてしまうことに…。元気復活。いい気分になったところで、ピンタイ市場へ。

四　ホーチミン…クリスマスイブの賑わいの中を歩く

フエから南へ、のんびりと、ほぼ丸一日かけて列車でやってきた。ホーチミンは、折しもクリスマスイブ。ひたすら走り回るバイク、あちこちから飛んでくる紙ふぶき…。大賑わいの群衆の中に溶け込んで、いっしょになって大騒ぎ。

「道を渡るときは、ゆっくり歩くのがコツ。走ると危ない」

ビンタイ市場の前で道路を渡ろうとしたときに、そう言われた。フエで言われたことと同じようなことを、ここホーチミンでも言われたのだ。ゆっくり歩いていれば、人の移動する速さはわかっているので、自動車やバイクの方が人を避けて、ぶつからないようにすることができる。

が、人が急に走り出したり、立ち止まったりすると、運転する方でも予測がつかず、避けきれずに、ドッカーンと、ぶつかってしまうということに…。ホーチミン市内の道路はけっこう交通量の多いところもあり、車が行き交うのを気にしながら、信号機のない道路を渡らなければならないこともしばしば。バイクが頻繁に通り過ぎていく道路を、平気な顔をして、立ち止まらずに、ゆっくりゆっくり歩いて渡っていき、無事に横断。これが、ベトナムでの正しい道の渡り方。

チャイナタウンで

　ホーチミン市の中心街から五キロほど西に行ったところにあるチャイナタウンがチョロン地区。ビンタイ市場は、このチョロン地区最大の中央市場。二階には、化粧品、衣類、タオル、石鹸…、あらゆるものが店先に並んでいる。ベトナムコーヒーの器を店頭で発見。値段は一セット、五千ドン。で、二セット買う。市場の建物の周辺にも、様々な露店が並んでいる。路地にも人がいっぱいだ。ビンロウの実を口に入れ、クチャクチャ口を動かしているおばあさんもいる。

　野菜、タマゴ、ラッキョウ、麺類、ライスペーパー、エビセンベイ、米…。砂糖は白いものだけでなく、何種類も並んでいる。米の値段は一キロ、一万ドン弱。干しエビ、スルメイカ、サカナ、ソーセージ、ブタ肉…、アヒルの子は生きたまま売られている。この活気、まあ、すごいエネルギーである。

「メコンデルタからやってきた人は、バナナなどの果物とか米を持ってきて、市場に卸し、日用品を買って、村へ帰る」

とのこと。

　客は各地から、市場にやってくる。ホーチミン市民の台所であるこの市場は、様々な交易の基地でもあるのだ。

＊

「普段の線香で一週間ぐらいもちます。大きいのは一ヵ月ぐらいもちます」

天井から、何本も、ぐるぐる巻きになった巨大な渦巻き線香がぶら下がっていた。まるで線香寺とでも言った方がいいようなティエンハウ廟は、一八世紀半ばに建てられたベトナム最古の華僑寺のひとつ。

本尊は、航海安全の守り神であるティエンハウ（天后聖母）。そのため、天后宮とも呼ばれており、線香の煙の充満する境内には、熱心に祈りにやって来る人の姿が後から後から続く。外から建物の上の方を見ると、様々な彫刻がある。明の時代の、人々の暮らしの様子を表わしているこの彫刻はよく見ると、かなり精巧に造られている。

＊

排気ガス対策に、マスクをしてバイクに乗っている女性。自転車を屋根の上に乗せて走るバス。黄色い乗合いタクシー。紫檀の並木。自転車に二人乗りして、さっそうと通り過ぎていった、白いアオザイ姿の若い女性。シクロにゆったりと乗っている、アオザイ姿の年配の女性。ホーチミンの街を肌で感じながら、街角ウォッチングを楽しんだ。

「ホンダは、六百ドルから千ドルくらいします」

ここでは、バイクのことを普通に「ホンダ」と言っている。ちなみに、自転車の値段は「ベトナム製の自転車で、五十～六十ドルくらい」とのことだった。

戦争の記憶を残す並木道

ベトナム戦争が終結したのは一九七五年のこと。テレビ、雑誌など様々なメディアを通じて悲惨な戦争の様子が世界中に伝えられたこともあって、すでに三十年も経とうとしているのに、ベトナム戦争の記憶は生々しく残っている。

戦争証跡博物館には、ベトナム戦争で使用された戦車や大砲、爆弾などが展示されている。枯葉剤がまかれる前のベトナムの、緑豊かな大地と、枯葉剤がまかれたために様変わりしてしまった、同じ場所を撮った写真がいっしょに展示してある。枯葉剤の影響によって生まれた奇形児。写真でしか見たことのなかったホルマリン漬けになった奇形胎児もここで見た。「トラの檻」と呼ばれた狭い牢獄も復元されて展示されている。

＊

十二月の下旬、ホーチミン。ハノイやフエと違って、南の街・ホーチミンの日差しは強い。十一時を過ぎると、道路は込み合いだす。

理由は「いったん仕事を終えて、家に帰って食事をして、午後になってから再び職場に出勤する」ため。家路に向かう人々のバイクの洪水が始まるのだ。

「朝七時から十一時まで。そして、午後一時から五時までが仕事の時間です」

十一時十五分、校門から出てきた、白いアオザイの制服を着た女子生徒たち。自転車に乗って、家路へと向かっていった。ベトナム戦争終結の日は一九七五年四月三十日。旧大統領官邸敷地内に、解放軍の戦車が鉄柵を突破して入った日だ。今、その建物は統一会堂と呼ばれ、海外からの国賓を迎えるときや国際会議などに使われている。統一会堂前の道は、きれいな並木道になっている。その道を自転車、バイクが通り過ぎていく。

クリスマスイブの大騒ぎ

クリスマスイブのホーチミンは大賑わい。レックスホテル内のレストランで夜ごと行われる生演奏と民俗舞踊のショーも、この日はクリスマスソングが中心に流れる。各テーブルを回って、ちょっとしたプレゼントも配られる。デザートは竜眼（ライチに似た果物）。そのまま口の中に放り込み、プチン。皮を出し、あとで種を出す。

外に出ると、まあ、すごい人、人、人。若者だけでなく、小さな子どものいる家族連れも、バイクに乗って、大騒ぎである。

バイクに乗って、夜の街を、ただひたすら走る。それだけで、大いに盛り上がっている。細かく切った紙の入った袋を露店で売っている。それを、誰かれかまわず人に投げつける。紙ふぶき、なんてもんではない。人込みの中を歩いていると、バサッ、バサッと、いろいろなところから飛んでくる。髪の毛の間にバサーッ、シャツの中にもバサーッ。汗をかいているので、紙片が首のあたりにベターッとくっつく。もう誰かれかまわず、かけてくる。こうなりゃ、こっちも、やられっぱなしというわけにはいかない。その群集の中に完全に溶け込んで、大騒ぎすることに…。路上も紙ふぶきでいっぱいに。

それにしても、このときの人々の笑顔はよかった。

「日本人ですか」と声をかけられ、思わず「はい」と答えると、「どうもありがとう」と言われたりもした。

ビールを飲んで、一万ドンで買ったサンタの帽子をかぶり、一万ドンで買ったチョコレートを子どもたちに配った。この騒ぎ、夜中の十二時過ぎても、盛り上がったまま。ホテルに戻って、部屋の中からこのクリスマスイブの大賑わいを眺め、ベッドへ。

が、なんと、翌朝、目がさめて、レロイ通りとグエンフエ通りの交差点を見て、驚いた。路上はすっかりきれいになっていたのだ。

五　ホーチミンからミトーへ…屋根にアヒルやニワトリを乗せたバスで

ホーチミンから南へ、メコンデルタのミトーへ向かった。ホーチミンからミトーまでは、七十キロ余り、車でおよそ二時間の距離だ。案内役のチーさん、ドライバー、それに、ぼく。この三人で、農村風景を眺めながら、国道一号線を進む。道の両側には、水田地帯が続く。田には牛がいて、稲の収穫風景もあれば、途中、田植えをしているところもあった。この辺りでは、年末に収穫して、お正月を迎え、正月の祝いが終わってから、田植えをする、というのが一般的。収穫は一年に三回。米の三期作地帯なのだ。

窓の外に広がる農村風景

バスもトラックも、ホーチミンの混雑した町中を離れて、郊外に出ると、スピードがアップする。乗り合いバスの上にも、荷物がいっぱい積まれている。生きたままのアヒルが乗り、ニワトリも乗っている。

「ブタも積みますよ」

と、チーさん。

五　ホーチミンからミトーへ

これで、かなりのスピードを出して、バスは突っ走る。

「バスの上に物を乗せると、一千から二千ドンくらい取られます」

とのこと。バスの上も有料なのだ。立派に営業スペースなのである。道端では、パイナップルなどの果物、そしてパンを売っている。

「ベトナムのパンは旨いですよ」

と、ベトナムを旅行した人は誰でも言う。実際、ベトナムを北から南へ縦断する今回のこの旅で食べたパン、これが、どこでも旨かった。

フランス統治時代を経験したベトナム。コッペパンよりやや大きめのこのパンは、いわば、フランス統治時代の産物、フランスパンなのである。この旨いパンが、一個二十円ほどで買える。国道の幹線道路の道端の露店でパンを売っている、というのも珍しいことだが…。

ハスの花が咲いていた。

日本では夏にしか見られないハスの花も、ここでは、

「一年中ですよ」

ということ。

道端の店に並ぶポリ容器に入っているのは、この地方の有名な酒、ゴーデン酒。ゴーデン酒は、ベトナム国内では知られた酒で、フエからホーチミンまで夜行列車に乗ったとき、同じコンパートメントのベトナム人に勧められて飲んだ酒が、この酒だった。

広い広い水田の中に、ポツンポツンと墓が点在している。農村の女性たちは、みな同じように野良着を着て、すげ笠をかぶっている。

国道一号線は物流の大動脈

ホーチミンを出発してから、一時間半ほどたって、メコン川の支流を渡った。

と、そこに、なんとも、ど派手なカオダイ教の寺院が現れた。

道端に立つコンクリート製の道標を見ると、一九四九と書いてある。これはこの国の首都ハノイからのキロ数を示している。ここからミトーまでは、残り二三キロ。

道端の道標を注意して見ていると、次に現れた道標には、一九五十と書いてある。

ホーチミンとミトーを結ぶこの国道一号線は、南北に細長い国土をもつ、ベトナムの幹線道路。道標もしっかりしている。国道一号線は、物流の大動脈であり、トラックの数も多い。

アヒルのいる池、水をはった水田もある。黄金色に実った田があり、田植えのため水をはった田もある。稲を収穫したあと、ワラを焼いた田もある。

日本では一年かけてやっと見ることのできる田園の様々な風景が、ここでは同時期に見ることができるのだ。

デルタ地帯を行くメコンクルーズ

ミトーの街に着く。

バオディン川を、果物を山積みにした小船が行き交っている。マーケットは大賑わいである。

船着き場から、モーター付きの小さな木造船に乗った。ミトーのガイド、タオさんといっしょに、メコン川のデルタ地帯を行くメコンクルーズに出発することに。

ミトーの南を流れるメコン川には、四つの中州の島がある。土地の人はそれぞれの島に、竜、亀、鳳凰、ライオンと、動物の名をつけて呼んでいる。このなかで最大の島はライオンの島、つまりタイソン島である。

タイソン島の面積は一二平方キロ。この島には約六千人の人々が暮らしている。島に水道はない。じゃあ、生活に不可欠な水はどうしているのか、というと、

「洗濯など、飲み水のほかはこの川の水を使う」

ということになる。

「ふつうは雨水を飲みます。しかし、ミョウバンを混ぜて、水を沸かして、この川の水を飲むこともあります」

とタオさん。

メコンデルタを回っていて、どこでも見かけた家の周りに並んでいる大きな瓶は、雨水を貯める

ためのものなのである。

「漁で生計を立て、果樹園もあるので、この島の人はちょっと金持ちです」

このところ海外からこの島を訪れる観光客もけっこう増えてきた。食事をしたり、土産物を買ったりと、観光収入も加わって、メコンデルタの暮らしぶりも変化してきた。

名物「象の耳の魚」のカラ揚げ

メコンデルタはメコン川が運んでいた大量の土砂が堆積してできたもの。雨季には水浸しになる。川が道であり、表。この水に囲まれた自然と共存しながら、人々は暮らしている。干満の差を利用した漁も行っているが、土地が侵食されてしまう恐れもある。満潮のときは、海からゆっくりと水があがってくる。が、干潮のときは、水が早く引いていき、このとき土砂も流される。ところどころに泥の入った袋が水辺に置いてあるのは、浸食されないようにするためのもの。

タイソン島は、果樹園の島。バナナ、パイナップル、ジャックフルーツ、竜眼。

「いちばん多いのは竜眼です」

丸ごと口に入れ、まず皮を出し、最後に、ペッ。種を出す。ベトナム式に、竜眼をここでも食べた。

「象の耳という魚を養殖しています」

と、タオさんが言った。

「象の耳の魚」は丸ごとカラ揚げにして食べる、ミトーの名物料理。

「ミトーにしかない」

と言われ、それじゃあ食べてみなくっちゃ、ということで、船を降りてから、ミトーの川に面したレストランで「カー・タイ・トウオン」を注文。身を野菜といっしょにライスペーパーにくるんで、食べた。ここで食べたカニも旨かった。もち米のフライも旨かった。メコンデルタの民家を訪れ、そこで出てきたローカルなお菓子は、ココヤシの果肉を干して、砂糖を入れて炒め、乾燥させたもの。ハチミツとレモン入りのジャスミン茶を飲みながら、食べた。

ニッパヤシが覆いかぶさる細い水路を、ジャングルクルーズ。これも、よかった。

カンボジア

「東洋のモナリザ」と称されるデヴァター（女神）の彫像

一　東南アジア最大の湖、トンレサップ湖へ

熱帯の密林、ジャングルの中に点在するアンコールの遺跡群。貯水池に、水路。タイの首都バンコクから、カンボジアの世界文化遺産・アンコールワット観光の基地、シェムリアップに飛んだ。

砂ぼこりもなんのその　デコボコ道を車に揺られ

二〇〇一年一月下旬、乾季のカンボジア。

シェムリアップに泊まり、東南アジア最大の湖トンレサップ湖を船で行き、砂ぼこりもなんのその、デコボコ道を車に揺られ、アンコールの遺跡群を訪れた。カンボジアの国土面積は一八・一平方キロ。日本のおよそ半分。メコン川の西に位置するこの国は、国土の四分の三を森林が占める「森の国」であるとともに、また、「水の国」でもある。

人口は一千万人余り。その九十％以上をクメール人が占める。長く続いた内戦がやっと終結し、この国にも平和が訪れ、観光目的でこの地を訪れる人の数も増加している。密林に被われたままで、荒れ放題となっていたアンコールの遺跡群も、徐々にその姿を現すようになってきた。

カンボジア

一　東南アジア最大の湖、トンレサップ湖へ

＊

サンポットと呼ばれる巻きスカートを腰に巻き、クロマーと呼ばれる布を顔に巻いた女性が、道端にしゃがみこんで、石を一つひとつ道の中程に放り投げていた。石の入った篭を運ぶ女性もいる。遺跡めぐりの途中、村の道で、こんな光景を何度か見た。

「この道路工事の一日の賃金は一ドルです」

と、現地のガイドのＳさん。

それでも多くの人々が働いている。

こういった人海戦術によって、ゆっくり、道路整備が進められていく。

カンボジアは、就労人口の約八十％が農業に従事し、水田が全耕作面積の八十％以上を占める、典型的な農業国。雨季と乾季がはっきりとしたカンボジア。乾季のこの時期、たとえ日当一ドルでも、現金収入を求めて、人々は働く。

＊

カンボジアでは、雨季には短期間に集中的に雨が降り続き、氾濫を繰り返してきた。また、乾季になると、大地は乾き、干ばつに悩まされてきた。

アンコール朝の歴代の王は、異民族の侵略から国土を守ることとともに、貯水池や水路を掘り、水を治めてきた。カンボジアの歴史は、水との戦いの歴史でもあったのだ。貯水池ができ、田に水を供給するための水路網が造られたことにより、現在では、二毛作や米の二期作ができるようにな

った。水路といっても、素掘りのままが多い。平坦な土地のため、水は漂ったままで、ほとんど流れていない。シェムリアップの街の道路の脇にある凹地にも、ところどころ水が溜まっているが、日が沈んで涼しくなると、とたんに、蚊の大発生となる。

外に出て歩いていると、かゆいこと、かゆいこと…。

シェムリアップの街を通って南北に流れる川がシェムリアップ川。

北に向かうとアンコールワットやアンコールトムなどアンコールの遺跡群が点在する。南に向かうと、国道六号線にぶつかり、その交差するところにある市場が、シェムリアップのオールド・マーケット。その先に、トンレサップ湖へと通じる道がのびている。

雨季には一面海のように　そのため家は高床式

スープ、香草入りの料理に炒め物。カンボジア料理を味わいながら、アンコールビールを飲んだ。ホテルで飲むビンビールは一本三ドル。炎天下の路上で作業をしていた人々の日当が一ドルであることを考えると、「安い」と、単純には言えない。

ちなみに、この時の交換レートはホテルでUS一ドルが三千五百リエル。しかし、どこでもUSドルをそのまま使うことができた。

昼食後、ホテルで休憩。

午後の日差しが強烈な時間帯は、無理をしないで休むことに…。

カンボジア

一　東南アジア最大の湖、トンレサップ湖へ

二時半。行動再開。

トンレサップ湖へ向かって、出発。

シェムリアップからトンレサップ湖へはガタガタ道を四十分ほどの道程。

左にシェムリアップ川を見ながら、川に沿った道を南に向かう。

水浴びをする大人、水の中で遊ぶ子どもたちの姿。小型の水車もある。

雨季になると水位が上昇し、辺り一面、海のようになる。そのため、家も高床式になっている。

＊

乾季の一月。高くなった床の下は日陰となって、強烈な日差しもとどかない。

土の上に置いたベッドに横たわる人、ハンモックにくるまって昼寝をする人…、午後の休息をとるのにちょうどよい場所となっている。

また、作業場となっているところもある。

大きな鍋でなにやら煮詰めていた。そばに寄ってみる。と、砂糖ヤシから粗糖を作っているところだった。つぼみのとき、砂糖ヤシのつぼみのついた軸の部分を切り、流れ出た樹液を煮詰めて砂糖をつくる。それを棒状に固めて、輪切りにして、葉っぱにくるんだものが売っている。三本で一ドル。では、と、一ドル払って、ヤシから作った砂糖を買って、さっそく食べてみた。甘い。柔らかくて、砂糖菓子のようだ。さとうきびから作る黒砂糖をややザラザラとした舌触りにして、さらっとした甘さに。そんな味。

庭の裏に水路があったので風景の写真を撮っていると、なんと、水牛を二頭連れた女性が水路の中を歩きながらこちらに向かってくる。そばに、男の子が二人いる。しばらく待って、カメラを向けた。

＊

「この水飲みます。生まれてから、ずっと慣れているから平気です」

と、ガイドのSさん。

水の中で元気に遊ぶ子どもたち。

村の家々に水道はない。時たま井戸を見かけることもあるが、この川の水が、生活用水としても使われている、

「この辺は二期作、三期作で米作ります。稲は直蒔きです。八月から十月ぐらいに来ると、一面水です」

「木は切ってはいけないんです。雨季になると、この木が水に沈んで、魚のすみかになります」

「水牛は、水草でも、なんでも食べます」

そんな話を聞きながら、シェムリアップ川に沿った道を、トンレサップ湖に向かって進んでいった。

道は一段高くなった土手の上。

田んぼの中に、木を打ち並べて魚をとるために作った仕掛けが残っている。一見、奇妙な風景に

カンボジア

一　東南アジア最大の湖、トンレサップ湖へ

も思えるが、雨季になると、これが大活躍する。五月から降り続く大量の雨が下流にある大河メコンを増水させ、メコンからトンレサップ川へと水は逆流し、トンレサップ湖にまで遡る。湖の面積は何倍にも大きくなり、上流に広がる。そのため、川も村も一面、水に沈んでしまうことになる。しかし、その時、魚もいっしょにやってくる。そして、仕掛けの中に…。

水が引いた広大な水田では稲が育ち、実りの季節を迎えることになる。

雨季、乾季で移動する　船の上の水上家屋

乾季で船着き場はかなり下流に。

船着き場の位置も季節によって移動する。

モーターボートに乗って、シェムリアップ川を下っていく。

川がトンレサップ湖に近付いてくると、船の上に家がのった水上家屋が、川の両岸に現れてくる。かなり大型のものもある。この家も、雨季、乾季で移動する。

一般の家のほか、水上マーケット、レストラン、給油所、土産物を売る店もある。川を下り、トンレサップ湖を通ってプノンペンまで行く高速船の乗り場もある。プノンペンまで四五分で行くことができ、料金は六十ドル。ドラムカンをつないでつくった筏の上に乗った家もある。ブタ小屋があり、いけすにナマズを養殖しているところもある。

湖に出る。広い。対岸が見えない。まるで海に出た感じだ。水に浸かった林が、湖の岸辺に続く。

「五月までこの辺りまで水きません。車でここまで来ることができるようになります」

というように、二月、三月と、水はどんどん引いていく。

「二か月前まで、水はあの木のてっぺんまでありました」

水位は大きく変化するのだ。

「養殖場まではカンボジア人の住んでいるところです。しかし、そこからこっちは、カンボジアの領土ですけれど、ベトナム戦争のとき逃げてきたベトナム人がたくさん住んでいます」と、ガイドのSさんが言った。

エンジンを止め、湖上を静かに漂う。

あ〜、い〜気持ちだ。

二　アンコールワットの日の出、日没の風景

「アンコールワットの日の出は幻想的でいいですよ」

そんなことを言われたら、じゃあ、見てみようじゃないか、という気になるもの。

朝日に輝くアンコールワット。それが、いったいどんなものなのか、それを見るために二〇〇一年一月下旬、午前五時二十分、まだ、真っ暗な中、シェムリアップのホテル、バンテアイ・スレイを出発した。

アンコールワットの日の出

途中に、大きな仏頭のある建物。スイス資本によって建設された病院である。フランス資本によるホテルもある。検問所を通り過ぎて、北へ進む。

道の両側に街灯が設置されているが、明かりはついていない。

「この街灯、一昨年の年末にできました。二千年を迎えるのに、三日間だけ電気がつきました。二四時間、きれいでしたね、空港からアンコールワットまで」

とのことで、今はついてない。真っ暗な道を行く。

アンコールワットはその周囲を幅一九十メートルの濠で囲まれている。周囲五・四キロメートルにおよぶ、東西南北にきちんと整備された方形の環濠。その真西、中央、濠の外で車を降りた。ホテルを出発して二十分、外はまだ暗い。懐中電灯の明りをたよりに歩く。濠を渡って、まっすぐ東へ。西大門を通って塀伝いに左へ。ここで日の出を待つことにする。足元を懐中電灯で照らし、注意しながら、塀に沿った狭い通路を歩いていく。

アンコールワットの日の出は、日本人を初めとして、海外からやってくる旅行者に人気がある。この日も、塀に沿った通路の所どころに、暗いうちからやってきた観光客がすでに腰をおろし、日が出るのを待っていた。

「パチン、パチン」

と、ときに、手でたたく音がする。蚊の襲撃である。観光客を目当てに蚊も集まってくるのだ。半袖半ズボン姿の観光客はたまらない。日の出前はとくに蚊が多いと聞いていたので、この日は長ズボンに長袖姿で出かけた。が、それでも、手や顔の回りを蚊に刺され、かゆいおもいをした。東の空がうっすらと明るくなってくると、そこに、シルエットのように、黒いまま、アンコールワットがその姿を現してきた。

中央の塔とその回りの四つの塔。

バランスの一番良さそうに見える位置に移動して、日の出を待つ。

徐々に空が明るくなってくる。

日の出前のこの光景、これもいい。

六時を過ぎた頃から、上空に漂っていた雲に日の光が当り、明るさが増してくる。朝焼け。

アンコールワットのバックから、こぼれるように、飛び出す強烈な光。

南の端の方が、ほかに比べて明るくなってきたなと思っていると、太陽が頭を出した。アンコールワットの日の出である。

＊

早朝のアンコールワット。日中とはちがって、空気はさわやかで、涼しい。

日の出の風景を眺め、そのまま立ち去る観光客もいるが、それではもったいないというもの。で、通路から降りて、原っぱを、アンコールワットの方へ向かって歩いた。聖池の辺に立ち、アンコールワットを眺める。

池の周辺には土地の人も出ている。

屋台もあれば、土産物を売る者もいる。

しゃがんで、水に映るアンコールワットを眺めていたら、女の子が寄ってきた。

手には、アンコールワットの小冊子や写真集、それに絵葉書を持っている。それぞれ手にとって中を開いて、見てみる。写真集と絵葉書に興味を示すと、

「本が六ドル、絵葉書が三ドル。両方で九ドル」と、日本語で言った。

「両方で、私は七ドルで買った」

と言う人もいたが、その日、それまでに見た風景と、その場の雰囲気がよかったこともあって、買うことに。

一応値切って、払うとき値引いてくれた分を上乗せ、結局、言い値で買った。すると、女の子はキョトンとした顔をしていた。後になって、ほかの場所で、子どもたちが同じ物をその何分の一かで売りにきた。が、それはそれ。損をした、なんていう気持ちには、ならない。道路の舗装工事現場での大人の日当が一ドルであることを考えると、相対的には、かなりの金額になるのだが…。

ホテルに戻り、朝食。

アンコールワット内部の見学は、午後、改めて、ということに…。

遺跡の中を見学する

アンコールワットとは、クメール語で「寺院のある町」といった意味。

アンコールワットの遺跡は、アンコール朝一八代目の王スールヤヴァルマン二世が、一二世紀の初め、三十年ほどの歳月をかけて完成させたもので、ヒンドゥー教の寺院として建てられた。神はビシュヌ神、その乗り物は神鳥ガルーダである。

西大門十メートル、長さ三五十メートル。参道の両側には神の蛇ナーガをかたどった欄干が続く。西大門に続く塀の外側に、内戦のときの弾痕が残っている。ここは、「政府軍の駐屯地だった」

こともあるのだ。

西大門の隣、弾痕を見ながら中に入っていくと、そこにはビシュヌ神の立像がある。

門をくぐって境内に入り、デヴァター（女神）のレリーフの数々を見てから、西参道をまっすぐ東へ歩いていった。

正面には、中央の神殿に向かって徐々に高くなった三重の回廊、五つの塔。

カンボジアのビール、アンコールビールのラベルに描かれている絵もこの風景。

左手に、修復中の図書館。

参道を歩いていたときに勝手についてきたト君という十二才の少年が、そう、説明してくれた。

＊

第一回廊へ。

第一回廊の壁画には、アンコールワットを建立した王、スールヤヴァルマン二世のレリーフがある。

東面南側の壁面には、カメの上に乗った神を真中に、大蛇の綱引きをする様子を描いたヒンドゥー教に伝わる天地創造神話「乳海攪拌」のレリーフがある。大蛇をひっぱるのは左に九十人の阿修羅、右に八八体の神々。

南面東側の壁画には、「天国と地獄」のレリーフがあり、南面西側には、行進するクメール軍のレリーフもある。

第二回廊でも様々なデヴァターのレリーフを見た。そして、いよいよ、幅が狭く、急な階段を上って、最上階にある第三回廊へ。中央に建つ塔が本殿で、高さは地上約六五メートル。

それにしても、この階段の勾配の急なことといったら、半端ではない。這うようにして階段の端をやっとの思いで上ったが、降りるときも楽ではなかった。下からこの急な階段を見て、上るのをあきらめてしまう人もけっこういる。

緑のカンボジアと大地に沈む夕日

「プノン・バケンの丘から眺める夕日に映えるアンコールの遺跡群もいいですよ」

という話を聞いちゃ、これも、見るっきゃない。そのプノン・バケンとかいう丘に上がって、夕日に映える日没の風景を見てやろうじゃないか、ということで、プノン・バケンの丘に出かけた。

一月下旬の日没は六時前後。日没の時間に合わせて、プノン・バケンに着いたのは、五時をすこし回ったころ。丘の下には掘っ立て小屋の食堂やら土産物を売る店が並んでいる。丘の上までまっすぐに上る道を、ほとんどの人は歩いていく。が、ゆるやかな迂回路を行く人もいる。歩くのがしんどい人には、象に乗って上るという手もある。料金は、行きの上りが一五ドル、下りは十ドル。

ちなみに、このぼくは、というと、行きは象が通る度に道の端に避けながら、迂回路を歩いて上り、帰りはまっすぐな道を一気に駆け降りた。プノン・バケンの丘からの眺めはすばらしかった。三六十度、どこまでも見渡せるカンボジアの大地。日が沈まなくてもここからの眺めは一見の価値ありだ。アンコールワットの遺跡も遠くに見ることができる。

太陽が沈むのは、アンコールワットとはほぼ反対の方向。

日没の風景を眺めるために、ここにも、多くの観光客がやってくる。店も出る。これが楽しい。音楽を奏でるもの、飲み物、Tシャツ、クロマー。クロマーは六十センチ×一二十センチほどの布で、カンボジアの人々にとっての生活必需品。頭に巻いたり、水浴びのときは腰に巻いたりと、用途もいろいろ。風呂敷（？）にもなる便利なもの。

緑のカンボジア。その大地に沈む夕日。

いったんは雲に隠れたが、地平線に沈むときには顔を出し、六時に下の方が隠れ、六時四分には完全に沈んだ。この日の収穫もいろいろあった。まずはこの風景を見たこと、それに、竹製の鳴り物（一ドル）、竹製の笛（二つ一ドル）カンボジアに関する英文の本（二十ドル）…。

ラオス

人も牛も車も乗り合わせる渡し船

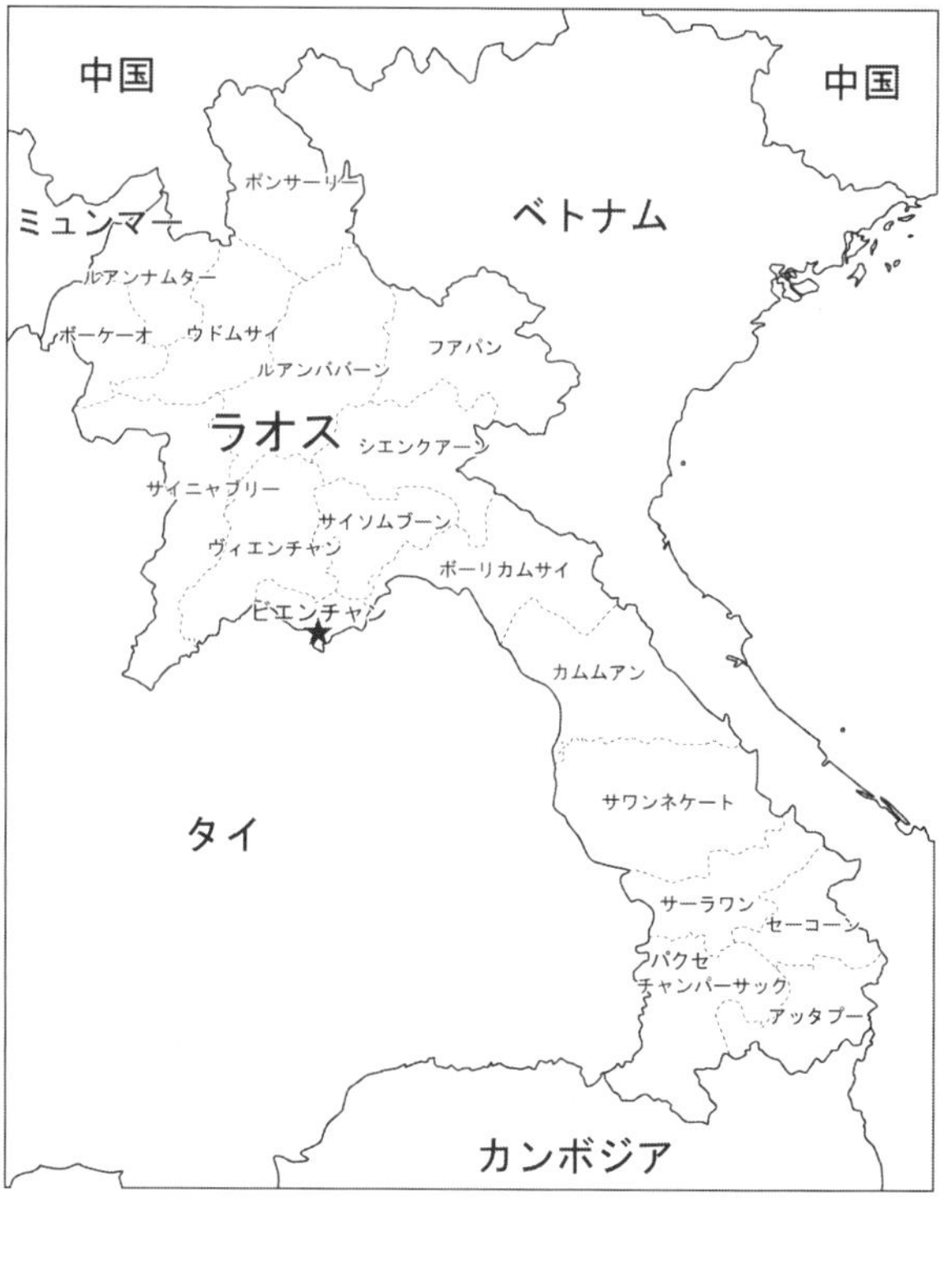

南部の中心地パクセ…王宮がホテルに

日本の本州ほどの国土に約五百万人が暮らす

東南アジアの国々のなかで、ラオスは、唯一、海と接していない国。ベトナム、カンボジア、タイ、ミャンマー、それに中国、この五つの国に取り囲まれたラオスの面積は二三・七万平方キロ。日本の本州ほどの国土に、約五百万の人々が暮らしている。主な産業は農林業と水力発電。ラオスにとって、水力発電によって得た電力は重要な輸出品であり、その輸出先は、お隣のタイ。タイとの経済的なつながりは強い。

通貨の単位はキップ。しかし、タイの通貨バーツが、ラオス国内のどこでも、そのまま通用する。

国民のほとんどが移動の手段として頼りにしているのは、地肌むき出しのままの道路を走るバス。相当に年期の入ったバスが、ラオス国内の主な街を結んで、定期的に運行している。屋根の上に荷物をいっぱい乗せた大型の定期バスが、ジャングルの間の道を、十時間以上もかけて走っていく。

この国には、現在、鉄道交通というものがないのである。

一九七五年の革命以後、社会主義政策をとっているが、一九八六年にベトナムの「ドイモイ」と

ラオス

南部の中心地パクセ…王宮がホテルに

同様の「新思考」路線を打ち出し、現在、経済開放路線を推進している。

だが、しばらくいわば鎖国政策をとっていたこともあって、多くの日本人にとって、ラオスはまだまだ馴染みのある国とはいいがたい。日本の空港からの直行便もなく、ほかのアジア諸国に比べると、交流も、情報も、極端に少ないのが現状である。

しかし、この国を訪れ、街や村を実際に歩いてみると、実に魅力たっぷりの国であることにおどろく。どこを歩いてみても、そこで見掛ける風景は、アジアの原風景そのもの。日本ではすでに忘れ去られてしまっている「アジアの姿」が、この国にはまだまだ残っているのだ。

ラオス南部の中心地パクセに飛ぶ

首都ビエンチャン、古都ルアンプラバン、そしてパクセ、ラオス国内を移動するために乗った飛行機の機内から眺める風景は、インドシナの熱帯雨林、大河メコン、蛇行して流れる様々な川。川も自然のまま、流れるままに…。

茶色をしたメコン川に合流する大小様々な川の色は微妙に異なっていて、なかにはグレーのものもある。太く、大きく、ゆったりと蛇行するメコンはまるで大蛇のようだ。

緑豊かな大地。美しい水田風景もある。

ラオスの人々の主食はモチ米。ホテルや街のレストランで食べるとき、御飯は茶碗に、ではなく、ふた付きの小さな筒状の籠に入って出てくる。食べてみると、やや水分が少なめで、乾き気味。だが、味は悪くない。

首都ビエンチャンからプロペラ機に乗って、サバナケット経由で、パクセに飛んだ。パクセは、ラオスの南部の中心地。

革命前、つまり一九七五年まで、ルアンプラバン同様、ここパクセも王国だった。その王宮だった立派な建物が、現在、改装され、ホテルとして営業している。街の中心からちょいと離れた、セドン川沿いに建つこのホテルに、ぼくも泊まった。部屋は三一五号室。天井が高く、広い。バスなし、シャワー付き。テレビから流れる映像はタイのものとCNN。バルコニーからの眺め、文句なし。漁をする小船がセドン川に浮かび、川の対岸に山が見えるのもいい。

九月のパクセは、日中の強烈な陽射しのあと、夕方や夜になって、しばしばスコールの激しい雨にみまわれる。午後、街を歩いてきて、ホテルで一休み。そんなとき、ボケっとセドン川を眺めていたら、どんよりとした雲が徐々に空を覆ってきた。カメラを向けていると、バサバサーッと雨が降ってきて、すぐに激しいスコールに。雨の音、雨樋を伝って流れ落ちる水、霞む風景…、じっくり観察。スコールがやってきたら、こちらは動かない。どうせ長くは続かない。過ぎ去るのを静かに待つだけだ。それが、スコールとの正しい付き合い方というもの。自然との付き合い方にも、その土地土地のルールがある。それも旅の大きな楽しみのひとつである。

土地の人はこのスコールを、むしろ喜ぶ。雨が降ったあと、涼しくなるからだ。

＊

171

ラオス

南部の中心地パクセ…王宮がホテルに

パクセを歩いた。日が沈み始める頃、ホテルから街の中心部へ通じる道を歩いていると、ローカルな食品店や露店が点々と…。ラオス風タコヤキは一個百キップ、これを十個。御飯は八百キップ、ブタ肉と玉子の煮込みがビニールに入って千キップ、ビールは千五百キップ（五十円）。見るのも楽しいが、買うのはもっと楽しい。馴染みの店もできた。

メインストリートから一本外れた道、そんな道も歩いた。

ヤシやバナナの木に囲まれて、高床式の民家がポツリポツリと並ぶ。所々に水溜りがあり、道端に小さなほこら。溝に落ちないように注意しながら歩いていたら、民家のバルコニーに立っていた男と目が合って、お互いにニヤリ。そして、手招きされた。

では、と、その男のいる家へ。

高床式の家に上がり、茶を飲む。屋台で買ってきたばかりの麺までご馳走になった。ひとり旅で楽しいのはこんな時。日本人に出会うことのなかったこの街には、こんな素敵な出会いが待っていた。

子どもたちとはすぐに仲良しに。子だくさんの家族といっしょに楽しい一時を過ごした。

この家の主人、半ズボンにサンダル姿のソムサニットさんは病院で働くお医者さん。

ソムサニットさんの家の隣に、同僚のボアリーさんが住んでいる、とのこと。

では、と、ボアリー家も訪問。

家はここも高床式。その床の下の広い土間が台所兼居間、休息の場。人が集まり休息するためのベッドもおいてある。勧められるままに椅子に腰をおろし、一服。そして、土地の酒。これも、ボアリーさんに勧められるままグラスを受取り、透明な酒をグーイと飲んだ。強い。ピリッとくる。

酒の名を尋ねると、「ラーオ」と、笑顔のスムサニットさんが答えてくれた。子どもたちが集まってきて、いっしょに腰掛ける。女性たちはちょいと離れたところから優しい顔でこちらを見ている。

いいなー、いいなー、こんな風景いいなーと心から思う。そして、この風景の中にこのぼく自身がいる、というのが、また、なんともいい。

「郵便局に寄って、市場を覗いて…」、そんなことを考えながら道を歩いていて、こんな素敵な出会いがあった。

こんなことがあるから、一人でのブラブラ歩きは止められない。

別れの時、ソムサニットさんが、「ラッキー・フォー・ユー」と、ひとこと。これも、なんとも温かくて、いい感じ。その家を後にして歩き出す。と、子どもたちが、すこしおくれて、通りまでいっしょにやってきて、いつまでも見送ってくれた。

生活に欠かせない太陽の下の渡し船

パクセの子どもはどの子も生き生きとしていて元気だ。フェリー乗り場のそばで川に飛び込み水

ラオス

南部の中心地パクセ…王宮がホテルに

遊びをする子どもたち、乾いた田んぼで牛に乗って遊ぶ子どもたち…、その笑顔のなんとよかったことか。

この国の大動脈であるメコン川を渡るのは、橋を通ってではなく、渡し船に乗って。この国の人々にとって渡し船は、生活していくうえで、なくてはならないもの。牛、トラック、自転車、バイク、自動車、人…、渡し船に乗るのは、みんないっしょ。

強烈な太陽の下、渡し船には何度も乗った。乗るとすぐに先端へ。先頭に立ち、風を正面から受け、肌で感じながら、メコン川を進んでいく。これがなんとも気持ち良くて…。

渡し船の船着き場のそばに市場。食べ物、衣料品、電化製品、生活雑貨…、生活に必要なものがズラーっと並ぶ。野菜、キノコ、エビ、魚…、市場を歩いているとウキウキしてくる。

赤い御飯を発見。「さ〜て、どんな味がするかな」と、まずは考える。そして、一刻も早く食べたいな、と思う。で、買って、その場で食べる。ココナッツミルクをかけてバナナの皮に包んで、五百キップ。これまた、ぼく好みの味だ。

値段のチェック。タバコの葉は一キロ四千キップ。土地の酒、モチ米からつくられた焼酎は一リットル二千キップ。ラオスのビール、ビール・ラーオの缶入りは千五百キップ。ローカルな店ではビールはどこでもこの値段。レストランでは三千キップ（約百円）だった。ヤシのジュースは、千五百キップ。初めからカットして並んでいたため、温めで、冷たくなかったのが残念。郵便局で動物や風景などのカラフルな切手を入手。五十キップや百キップという値段できれいな切手をいろいろと。

そんなラオスという国の現状について、見たまま感じたままを、ラジオ（朝日放送「中原秀一郎のラジオToday」）で話した。「ラオスって、いったい、どんな国なんですか？」「え、鉄道がないんですか」「どんなものを食べてるんですか？」…、そんな、一般のリスナーが興味をもちそうなことについて、中原さんがスマートに質問し、それに答える感じで、テンポ良く、軽快に、ワイワイガヤガヤ。

ココヤシジュースの屋台

タイ

タイの世界遺産：古都アユタヤ

一　古都アユタヤ、川の街巡り

アユタヤ王朝の都

アユタヤと聞いて、山田長政のことを連想する年配の人は多い。徳川家康の時代、朱印船貿易によって栄えた日本人町がこのアユタヤにあった。その頭領だったのが、山田長政だ。そういうこのぼくも、山田長政の話は、ずいぶん前に学校で習った記憶がある程度。

タイの首都バンコクから北へ八十キロ、車で約一時間の距離にあるアユタヤは、スコータイのあと、アユタヤ王朝の都として、十四世紀半ばからおよそ四百年にわたって栄えた歴史のある古都である。しかし、その間、ずっと平和な時代が続いていた、というわけではなかった。戦禍に見舞われ、街は破壊され、都も、アユタヤから現在の首都バンコクに移ってしまうことになった。だが、今、アユタヤは、その当時の面影を伝える遺跡の数々が残る世界文化遺産の街として、世界中から多くの観光客が訪れるところとなっている。

タイにとって、観光は重要な産業だ。

タ　イ

一　古都アユタヤ、川の街巡り

「アユタヤに写真、撮っていけないところはありませんから、どんどん撮ってください」と、現地ガイドが言ったのも、アユタヤがこの国の観光産業のなかで重要な位置を占めているからでもある。

木に埋め込まれた仏頭

アユタヤ駅からパーサック川を渡り、西へ歩いていく。この辺りでチャオプラヤ川は大きく蛇行する。アユタヤはまた、水の都でもあるのだ。街を歩いてみると、そのことがよくわかる。川に囲まれた東西およそ六キロ、南北四キロの中州が街の中心部で、ここに多くの遺跡が集まっている。街を行ったり来たりしていると、仏塔をよく見かける。ホテルの部屋からもいくつかの仏塔が見えた。

ナレスエン通りとチークン通りの交差するところにあるのが、アユタヤ最古の寺、ワット・マハタート。ラーマ一世の時代に建てられたこの寺には、とうもろこしのような形をしたカンボジアスタイルの塔が何本も立っている。

歩くとすぐに、首のない仏像や、朽ちて傾いたレンガ建築が目に入ってくる。井戸もある。中をのぞくと水が入っているのがわかるが、今は使われていない。

遺跡の数々を見ながら歩いていくと、大きな太い木の根元に、埋め込まれた仏頭がある。地上に露出した気根の間にはさまっているのだ。

以前、この場所にやって来たとき、仏頭のそばに立って記念写真を撮ろうとする観光客が結構いた。それを見て、監視員がすぐに注意する。そんなことが何度も繰り返された。仏頭より自分の頭が低くなるように、しゃがんで記念写真におさまる分には問題なかったのだが、仏頭より上になってはいけないのだ。なかには仏頭にさわろうとする不届き者もいた。タイでは、他人の頭にさわるのは、相手に対して、とんでもなく失礼なことなのである。

今年の七月にもワット・プラ・マハタートを訪ねたが、そのときにはこの仏頭のまわりは柵で囲まれ、観光客が近づけないようになってしまっていた。

象の背に乗って

通りに出ると、観光客を乗せた象がゆっくりと歩いていた。次から次へと、何頭もの象がノッシ、ノッシと歩いてくる。山から切り出したチーク材などの木材を運搬するのに活躍していたタイの象も、森林保護のために木材の伐採が禁止されて、山に働く場がなくなった。山を降りざるをえなくなった象は、こうして観光客を乗せて歩くのが唯一の仕事になったのだ。

インドでは象の背にくくりつけられた箱に四人ずつ乗る感じだが、ここでは二人ずつ腰掛けて進行方向を向いて乗る。乗ってみると、これが結構、右に、左に揺れる。乗り心地がいい、というわけにいかない。道ばたを見ると、白い花が落ちていた。花の名はプリメリア。真っ赤な花はサンタンカ。黄色い花はタイの国花、ゴールデン・シャワー。タイではどこに行っても、色鮮やかな花々が咲いているのを見ることができる。

川を下るランチ・クルーズ

アユタヤにやって来るたびに、川のある風景は何度も見ていたが、川を行く船から風景を眺めたのは、この夏が初めてのこと。

川に囲まれたアユタヤの街。

悠々と流れるチャオプラヤ川。

ゆっくり川を下りながらのランチ・クルーズを今回の旅では楽しみにしていた。

クリンシー・リバーサイド・ホテルの脇から船に乗った。まずはパーサック川を行く。そして、チャオプラヤ川の本流に合流。食事はビュッフェ・スタイルの食べ放題。アルコールがないのはちょいと残念だが、これはガマンすることに…。川辺の風景を楽しみながら、料理の方もしっかりと食べた。船に乗って学校から集団で帰ってくる子どもたち。洗濯する人。釣りをする人…。路上生活をする庶民の暮らしの一端を見た。

ここでは川のある方が、表玄関だ。

川に面して、高床式の立派な家もある。

十分ほどすると、昔の日本人町のあったところ、山田長政ゆかりの場所が見えてきた。

建設用の砂を大量に積み込んでいるため、重みで船体がかなり沈んだ貨物船を、小型の船が曳いていく。アユタヤ唯一の教会もある。

船に乗って約一時間、ワット・チャイワッタナラームのところで方向を変えた。ここからはゆっくり、同じルートをもどっていくことに。アユタヤでは新しい王様が誕生すると、その王のための新しい寺が建てられた。このワット・チャイワッタナラームは三十番目の王様の寺である。チャオプラヤ川をはさんでこの寺を向かい合うように、現在の王妃の別荘が建っている。

「アユタヤには四百ぐらいの寺があります」

と、ホテルのセールス・マネージャーは言っていたが、アユタヤに関するパンフレットなどを見ると、寺の数は約五百と書いてある。まぁ、それだけ、たくさんの寺があるということだ。

帰りがけ、チャオプラヤ川との合流地点を過ぎたところで、水面でなにやらバシャバシャ跳びはねているものがあった。そばに寄ってみると、パンくずが撒かれたあとに、ナマズが群れになって餌を求めて集まっていた。大きな口をパクパクさせている。

「ワーすごい」そんな声も聞こえてきた。迫力満点だ。

一九九一年にアユタヤがユネスコの世界文化遺産に登録されたのを機に、遺跡群がライトアップされるようになり、アユタヤの夜の楽しみが増えた。伝統的な民俗舞踊を見て、土地の料理を食べ、車に乗って日本語の説明を聞きながら、ゆっくりとライトアップされた遺跡群を見て回る…。これ、オススメである。

二 コラート…クメール遺跡の残る丘

タイの懐かしい農村風景

タイの首都バンコクから北東へ二五十キロほど行ったところ、タイ東北部に広がるコラート高原の入口に位置するナコンラチャシマは、通称「コラート」と呼ばれている。

コラートは、バンコクやアユタヤ、チェンマイ、その他パタヤなど数あるビーチリゾートなどに比べ、同じタイといっても、日本人にとっての知名度は低く、日本からこの地を訪れる観光客の数も少ない。

しかし、だからといって、観光資源がないというわけではなく、いままで日本にあまり知られていなかったというだけであって、コラート近郊にはピマーイ遺跡やパノムルン遺跡など、魅力ある数々のクメール遺跡やモニュメントが点在している。コラートを実際に旅し、寺院を回り、村を歩いてみて感じたことは、いままで見てきたタイの他の地域とは、ずいぶん雰囲気がちがうな、ということである。一歩街から離れると、そこにはタイの昔ながらの農村風景が広がっており、寺院の形もバンコクで見るものとはちがっていた。

「イサーン」と呼ばれる土地

コラート高原が広がる一帯からメコン川流域にかけた地域は「イサーン」と呼ばれており、タイの国土のほぼ三分の一を占めている。メコン川の対岸はラオス、南側にはカンボジアとの国境地帯が広がっている。ここで食べた料理も、トムヤムクンに代表されるような、日本でもポピュラーになったタイ料理とはちがった「イサーン料理」。

コラートでは、シマ・タニホテルに泊まった。オーナーのコンクリット氏は四三歳。長身でスマートなコンクリット氏はタイホテル協会東北支部の会長も務め、観光業界発展のために積極的に活動している。ホテルのロビーに入ると、すぐに目に付いたのが、五つの頭のある「ナーダ」。カンボジアのアンコールワットでもよく見かけたこの五頭竜王の形をしたナーダは、いわば魔除けの一種。

まずはウエルカムドリンクで喉を潤し、おしぼりが出てきた。ほっと一息。

コラートでの最初の夕食は、踊りのショーを見ながら、テラスで食べるイサーン料理。となりの席にはコンクリット氏。コラートについていろいろな話を聞きながら、この土地の伝統料理を味わうことになった。

イサーン料理を楽しむ

コラートは、バンコクについでタイで二番目に人口の多い街。その六五％は農業に従事しており、この辺りはトウモロコシの産地で美味しいのがとれる、とのこと。体型だけでなく、話の内容も、雰囲気も、スマートで好感がもてる。話をしていると、こちらも元気が出てくる。そんなオーナーのいるこのホテルの稼働率が九十％、というのも、納得。料理も旨かった。

「自然、歴史、観光スポットがたくさんあります。今、二百のホテルがあって、一万六千の客室があります。でも、まだ、タイの東北地区を訪れる日本人は少ないです…」

と、コンクリット氏。

風が吹くと、涼しい。

日が落ちた後、自然を肌で感じながら、テラスでとる食事というのも、いいもんだ。

パパイヤのサラダ、モチ米、鳥料理。

この三品はイサーン料理に必ず出てくる基本料理。

コンクリット氏が皿に取ってくれたイサーン料理を順にいただく。

ちょっとピリッとしたパパイヤのサラダ「ソムタム」、ざる籠に入って出てくる蒸したモチ米「カオニヤオ」、それに、鶏一羽を丸々、竹に挟んで炭火で焼いた焼鳥料理「ガイ・ヤーン」、どれも、口に合う。かなり食った。これは、日本人好みの料理である。その他、スープ、揚げ物、果物…、いろいろ食べた。ビールも飲んだ。

舞台で演じられるショーの最後は、農作物を収穫できない乾季にどうやって食べものを得るかを表現した踊り。木の上のアリの卵をとる仕草をユーモラスに演じていた。その後、客も舞台に引っ張り出され、タイの盆踊り（?）をみんなで、いっしょに。

「このショーは毎日やってます。アリの卵は、レモンをかけて食べます。イサーンは昔、貧しくて、何もないとき、自然のものをとって何でも食べてました。アリの卵、田んぼのネズミ、トカゲ、イナゴ、ヘビ…、なんでも食べてました」

と、コンクリット氏は言った。

そんな時代もあったのだ。

「ネズミはウサギみたいな味です」

とも言っていた。

ということは、コンクリット氏はネズミを食べたことも…。

遺跡の発掘現場を見る

近郊の遺跡巡りへ出発。

まずは、この辺りで最大のクメール遺跡、パノムルン遺跡へ向かう。田植えの風景などを見ながら、農村地帯を進み、ホテルを出てから車で約二時間、パノムルン遺跡の入口に着く。ここは一九八八年に歴史公園としてオープン。復旧作業に一七年かかったというだけあって、保存状態も良い。ズラッと並ぶ土産物屋。絵葉書は一枚五バーツ。食堂のトイレのチップは二バーツ。

パノムルンとは、クメール語で、大きな丘を意味する言葉。

上り階段の手前にある竜王橋へ通ずる通路の両側には、上端が蓮の花の形をしたナンラアン柱がズラッと立っている。

正面は東の方向をむいている。

赤砂岩の道を歩いていき、階段を上る。

建物の真中にある像を礼拝する際にかける聖水を受けるための、ソームスータラ管という聖水溝が、中央の建物から外へのびている。

バーンプラサート遺跡では、発掘現場を見ることができる。人骨、土器、指輪や腕輪などが、埋葬されたときのままの状態で保存されている。売店をのぞくと、竹細工二五バーツ、ペーパーナイフ二六バーツ、タンバリン百九十五バーツ、サンダル八十バーツなど、素朴な土産物が並んでいた。

遺跡を見た後、トラックの荷台に乗って、移動。

村の中を走り、村の暮らしを垣間見ながら、民家の前でストップ。

ハンドバックなどの葦《あし》製品を製作しているところを見学。

手作りバッグ、小さい方が六十バーツ、大きい方は百五十バーツ。

石臼を上手にひくおばあさんがいた。

連続的に動かすには、コツと力がいる。

家の外に置いてある大きな瓶は雨水を貯めるためのものだ。

またこの村では、村の観光資源を活かすことで生活向上を図ろうとしており、民家にホームステイし、タイの村の暮らしを体験することもできる。そんな民家を見学。床はタイル、二階に二つの部屋。パソコンもあり、宿泊客の名前を書いた手帳も見せてくれた。村の道を歩いていたら、小さなポストを発見。絵葉書を投函する。

遺跡の儀式場の日没

バーンプラサートから車で約三十分、活気あるマーケットを歩いてから、ピマーイ遺跡へ。ここはいわば、タイのアンコールワット。実際、アンコールワットの原型になったと考える人もいる。中央に高さ二八メートルの白砂岩の塔があり、手前左手に赤砂岩の仏塔。四つの池をもつ広い中庭。タイで一番大きな宗教儀式場。ピマーイ遺跡の日没風景をゆっくりと眺め、遺跡内の広場でピマーイの名物料理を食べた。

ライトアップされた遺跡をバックに演じられるショーも見た。最後に打ち上げられた花火も良かった。

ミャンマー

パガンの朝。托鉢僧が裸足で歩いていく

一　ヤンゴンのボート・フェスティバル

親日的な仏教国を訪ねて

「ミャンマーには雨季と乾季、それに夏、三つの季節があります。今は乾季で旅行するのにとてもいい季節です」

一一月にミャンマーを旅行したとき、現地ガイドのKさんにそう言われた。

ミャンマーでは五月中旬から十月中旬が雨季、十月下旬から二月が乾季、そして、三月から五月中旬が最も暑い「夏」だ。

日本を発つ前、雨季の八月に、

「ミャンマーに行く」

と、言ったら、もの好きだな～、といった顔をされたことがある。

「軍事政権の、しかも雨季にわざわざミャンマーに出かけるなんて。大丈夫なんですか、あんなところへ行って…」

と、こんなふうに言った人もいる。

ミャンマー

一　ヤンゴンのボート・フェスティバル

以前、旧ソ連や東欧、スリランカなどへ出かけたときも、同じようなことを度々言われた経験がある。もちろん、そんなことを言われても、気にも留めなかったが…。

しかし、ミャンマーは別。同じアジアの仏教国。しかも、親日的なこの国に対してそう言われると、若干、気にかかるんだよな～。

＊

ミャンマーの面積は六八万平方キロ、日本の約一・八倍。人口は約四千五百万人。

雨季であろうと、乾季であろうと、暑かろうと、その土地の人々は、そこで日常生活をおくっている。観光客にとって都合のよい季節にのみそこに暮らしがある、というわけではないのだ。今、この瞬間、地球上のどんなところに、どんな人たちが、どんな暮らしをしているのか、そのことに、ぼくは興味がある。それを自分の目で見たくて、旅を続けているようなもの…。

まあ、何はともあれ、雨季にも乾季にもミャンマーに出かけ、旅をした。

街や村を歩き、市場に行き、パゴダにも歩いて上った。船にも乗った。

土地の料理を食べ、土地の酒を飲み、ドリアンやマンゴスチンなど大好物のトロピカルフルーツも食べた。そしてわかったこと、それは、雨季には雨季の、乾季には乾季の、それぞれの良さがあるということ。こればっかりは、自分で体験してみないことにはわからないものだ。

マンダレーヒルから見た、氾濫したイラワジ川の川幅が広がった、その水面に映ったみごとな夕焼け。これは、雨季、八月ならではの風景。忘れられない風景である。もっとも、八月が雨季といっても、ミャンマーの国中どこでもすべて雨ばっかり、というわけではもちろんなく、ヤンゴンやマンダレーとちがって、パガンではこの時期にまったく雨に降られることはなかった。また、雨季にかかった地域でも、一日中雨が降り続いているわけではないのだ。

しかし、乾季になると、雨はほとんど降ることはない。

伝統的なボートレースとローカルな歌謡ショー

一九九六年十一月、首都ヤンゴン（二〇〇六年十月ネピドーに遷都）、ここで、伝統的なボートレースの祭りが開かれる。その祭りを見るために、ヤンゴンへ出かけた。ヤンゴンの中央駅から北へ二十分ほど歩くと、カンドージー湖に出る。この湖で、年に一度、国をあげてのボートレース、ミャンマー・トラディショナル・ボート・フェスティバルが開催される。

ボートレースそのものは長崎のペーロンや香港のドラゴンボートレースと似たようなもの。が、そのほかに、湖に面した道に沿って歌謡ショーが行われる小屋がズラッと並び、周辺で繰り広げられる様々なショーも大いに賑わう。家族総出で弁当持参で人々は集まってくる。民族衣装のロンジーを腰に巻き、サンダルをはいた土地の人々が、家族揃って、歩いて祭りの会場にやってくる。三段四段に重ねられた筒状の弁当箱やお茶の入ったポットをぶら下げているのはお母さん。

街のあちこちで見かける垂れ幕には、スポンサーとなった企業の名が記されている。ボートレースのゴール地点にはアドバルーンもあがっていた。

ミャンマー

一　ヤンゴンのボート・フェスティバル

祭りのメインであるボートレースのスタート地点はカンドージー・パレス・ホテルのすぐそば。このホテルに泊まった。

男たちが乗った木製の細長い船。四漕の船がいっせいに、ヨーイ、ドン。カイを漕いで湖上をまっすぐゴール目指して進む。

湖の中央に停まったままの船からは、レースを盛り上げる笛や太鼓の生演奏の音が聞こえてくる。

ゴール地点のそばに作られた特設の観客席は見物人で埋まっている。

レースの模様は会場一帯に響き渡るほどの大音響で実況放送される。

「ワー」

と、人々の歓声が、ときに起こる。

湖畔を取り巻く木道も、観客席からあふれた人々でいっぱいだ。

木陰でピクニック気分の家族連れ、若いカップル…、祭りそのものもいいが、こういう風景を見ても、いいなぁ、と思う。

ボートレース会場の周辺でみられる様々なショーのなかで人気なのは、なんといっても歌謡ショー。歌もいろいろ。大声を張りあげて歌う威勢のいい応援の歌あり、歌謡コンテストあり、また、人気の歌手の歌もある。

着飾った歌い手の衣装を見るのも楽しい。

小屋ごとに人のかたまりができている。

その人込みの中を、ゆっくりと歩きながら、一つひとつ小屋を順に見て回った。こういったローカルな歌謡ショーを楽しむ、これも、今回の旅の大きな目的のひとつ。

ミャンマー風タコ焼き　果たしてお味は…？

ボートレースを見、盛り上がった祭りの雰囲気も十分に楽しんだ。カンドージー湖畔のホテルに戻り、シャワーを浴び、再び外出。ホテルからまっすぐ南へ、市内の中心部へ向かって歩き始める。顔馴染みになった露店の男と、その前を通りすぎるとき、お互いに目で挨拶。

駅の先に映画街。看板の絵が目を引く。

インド人街、中国人街…、店をのぞきながら歩く。

地図、本、ポスター…。

道端に露店があると、立ち止まってちょいと見学。買うことに。

ミャンマー風「タコ焼き」？

六個で一五チャット（約八十円）。作り方と出来上がりはタコ焼きそのもの。ただし中にタコはなく、味は甘め。

ヤンゴンの中心部は道路が碁盤の目のように整然と配置され、しかも、東西方向と南北方向に走っている。街はわかりやすく、一度歩いてみると、全体の位置関係がすぐに頭にはいってくる。

ボージョーアウンサンマーケット、スーレパゴダ、港…。ヤンゴン市内を歩き回って、疲れたときは、ちょいと休憩。道端に立ったまま、街角ウォッチング。

日本製バスも大活躍

走っている自動車の後に、何人もの人がしがみついて乗っている。荷台いっぱいに人が乗ったトラックが走っていく。自転車も重要な交通手段。頭の上に大きな荷物を乗せたまま、自転車に乗っている女性もいる。

黒、赤、黄、車のナンバープレートも色分けされている。

「ふつうの乗用車は黒、赤がバス、黄色は観光バス」とのこと。

日本の中古車も大活躍。車体に日本の会社名や広告が書かれたまま走っている。中古バスは、行き先表示までそのまま。

「質の良い日本製ということをアピールするため、そのままにしてある」とのことで、日本語で何か書いてあれば良いというわけ。あえてそのままにしてあるのだ。

シャンバックを肩にかけて歩く人々。

スカートやズボンではなく、民族衣装のロンジーを腰に巻いている。履いているのはサンダル。ほんの一部の人を除いて、皆この格好だ。パゴダめぐりをしたときは、こちらもサンダルを履いて、五百チャット（約二五十円）ほどで買ったシャンバックを肩にかけて歩いた。

顔に広い粉をぬっている女性もいる。タナカという木の幹を石の上にこすりつけて粉にしたもので、日焼け止めと化粧のため。顔全体に日本の白粉のようにうすくぬって、ほっぺたと鼻のところは濃いめに、という人が多い。が、円形にぬったり、ちょいと工夫しておしゃれに、と、ぬり方は自由に。市場でこのタナカが売られていた。十センチほどの長さの木の幹そのもの。百円から百五十円ほどの値がついていた。パゴダや交差点近くの道端などに瓶が置いてある。中に入っているのは水。立ち止まって、コップにその水を汲んで飲む人がけっこういる。が、これは遠慮しておくことに…。

夜になると、ライトアップされたパゴダが夜空にクッキリと輝く。夜景を撮影するため、三脚を抱え、夜のヤンゴンを一人でせっせと歩き回った。

二　古都マンダレーのみごとな夕焼け

短命だった最後の王朝

ミャンマーのほぼ中央、首都ヤンゴンからイラワジ川を七百キロほどさかのぼったところに、この国最後の王朝のあったマンダレーはある。一八五七年、時のコンパウン王朝の都がマンダレーに移り、東西、南北、それぞれ二キロ弱の正方形をなす堀に囲まれた、ミャンマーの建築芸術の枠を集めた王宮が、四年がかりで造られた。

が、戦争に敗れ、三十年ともたずに、ミャンマー最後の王朝は終わりをつげ、英国植民地時代を迎えることになった。その後も戦禍に見舞われることになり、第二次世界大戦の末期、一九四五年の日英両軍の激戦で、この王宮も焼失してしまった。現在見られる王宮は、後に再建されたものだ。

王宮内に入り、中を見学して、塔にも上った。見晴らしよし。ぐるりと見回すと、見えるのは茶色い建物、緑の森、青い空…。

北にある丘が、マンダレーヒル。

空に伸びる火炎の城門

王宮の外堀も立派なもの。幅はおよそ七十メートル。八月にここを訪れたときには、満々と水を湛えていた。城門は火炎を連想させるような形をしており、空に向かって伸びている。

ジリジリ照りつける太陽の光の下、晴れた青い空をバックにこの城門を見ていると、なんとも強烈な、圧倒されるようなエネルギーを感じる。堀の南東の角、塀にかけられた橋を渡ったところに、ミャンマー様式の建物があった。

「これが王宮です」

と、冗談に言われて、そのまま信じてしまったほどの、この立派な建物。実は「ピージモン」という名のレストランだった。

ここで、ミャンマー料理を食べた。ビールも飲んだ。

瓶のビールの銘柄は「マンダレー」。

マンダレーでマンダレービールを飲みながら、ミャンマー料理を食べた、というわけだ。ビールのラベルは真っ青な青色に、金色の縁取りがしてある。その間のグレーの部分に、会社名や住所とともに「一八八六」と記されている。つまり、一八八六年の創業で、百年以上もの歴史があるということ。

しかし、この一八八六年というのは、実は、八四十年続いたミャンマー王朝が終わり、英国の植民地となった年でもあるのだ。英国はこの土地を植民地として統治し始めると同時に、自分たちが飲むためのビールを製造し始めた。食後、テラスに出て、塀を渡る風を感じながら、城門と城壁、水のある風景を眺めた。

露店の並ぶ市場の賑わい

マンダレーの街の中心部は王宮の南に広がっている。道ははっきりと東西方向と南北方向に走り、碁盤の目のように、整然とした町並みになっている。市庁舎は王宮のすぐ南、塀に面して建っている。その市庁舎前の道を塀に沿って進み、兵が途切れても、そのまままっすぐ西へ歩いていく。と、

二　古都マンダレーのみごとな夕焼け

左手に、マンダレーに暮らす人々の台所、ゼージョーマーケットが現れる。目印は通りの向かい側に建っている時計台。

果物、野菜、肉、魚…、食料品や日用品を中心に、ゴチャゴチャと並んだこの市場の風景が、いい。浮き浮きしてくる。

敷地内にデパートも建っているが、露店がズラッと並ぶ、市場の方がいい。店をのぞきながら歩いていると、気になるものがいろいろある。

ドリアンを売っているおばちゃん。カメラを構え、メモなど取っているこのぼくに見つめられ、若干、戸惑い気味の様子。日本円で百円ちょいと。それで、おいしそうなドリアンを見つけたとあれば、そのまま素通り、というわけにはいかないというもの。手にとって、鼻に近づけ、匂いをチェック。

実は、ぼくは旨いドリアンを見つけるのが結構、上手なのである。本を書くためにマレーシアへ取材の旅に出かけたときに、現地の達人に美味しいドリアンの見分け方を伝授してもらったのだ。

硬い殻をちょっとカット。匂いをかいで、

「これが、旨そうだ」

というのがあった。で、一つ買うことに。

デパート外の階段に腰をおろし、さっそく食べる。トロ〜ッとして、クリーミーで、これぞ、まさに、キング・オブ・フルーツの味。ここには、夜になると、屋台が並ぶ。ナイトマーケットの賑わいもまたいいもんである。

仏陀の魂の宿る本尊

ゼージョーマーケットからまっすぐ南へ二キロほど行くと、そこにマンダレー最大の寺院マハムニパゴダがある。高さ四メートルのマハムニ座像がこの寺院の本尊。十八世紀にミャンマー西部のアラカン族との戦いに勝利したその戦利品としてマンダレーに運ばれてきたもので、このパゴダに安置されるようになった。また、この像には仏陀の魂が宿っていると信じられており、写真撮影はいっさい、禁止。

この本尊を拝むために、早朝からたくさんの人々がやってくる。自分の体の、調子が良くないところと同じところをさわると治る。そう信じられている。日本によくあるような、そんなブロンズ像もここにはある。

本尊を正面に見る拝殿の石の回廊をゆっくりと進み、本尊の手前の売店で金箔を購入。本尊の回りをぐるりと回って、本尊に直接、金箔をはった。

この本尊に金箔をはるのは、男性のみに許されていること。また、王室から許可を得た工場で作られた金箔しかはることができない。金箔をはさんであった紙に、ミャンマー語でなにやら書いてある。この紙も大切な資料。取材ノートに貼ることに…。

工房の男女、街角の人々

マハムニパゴダと王宮とのちょうど中間の位置に、金箔工場。そこでは、マンダレーに王朝があった時代に王室御用達となった業者が、昔ながらの方法で金箔を作っている。その工場で、あの実際に指にまつわりついてしまうほどに薄い金箔の製作過程を見学した。

まずは金の塊を機械で伸ばし、トンカチ、トンカチと、三十分ほど打つ。それを六等分した後、今度は五時間も打ち続ける。風の吹かない暑い空間で、汗びっしょりになってトンカチ、トンカチ、打ち続ける男たち。根気のいる仕事である。金箔工場のそばに刺繍工房があったので、そちらも見学することに。

この国の伝統工芸である刺繍は、ミャンマー語ではシェチートゥカレガという。製作しているのは、十代から二十代の女性たち。熱心に刺繍している姿をジャマしないようにして見せていただいた。これも根気のいる仕事だ。

街を歩くと、見かけるのはロンジー姿にサンダルを履いた人々。目が合うと、笑顔が返ってくる。学校帰りの子どもたちが着ている制服も、ミャンマーの民族衣装ロンジー。

ホテルの前で、鳩の入った籠の前にしゃがみこんで、通り過ぎる人に声をかけている女性がいた。

「この鳩を放してやるとご利益がある」

とのこと。放してやるために、金をこの女性に払う、というわけだが、見ていると、籠から放たれた鳩、教育が行き届いているらしく、すぐに、また、籠にもどってきた。

こんな街角の風景を楽しみながら、マンダレーの街を歩いた。

三　パガン…町のどこでもまず目に入るのは石を積み上げた二千を超すというパゴダ

明るくカラフルな仏さま

ミャンマーは仏教の国。とはいっても、日本とは違って、南方仏教。巨大な寝釈迦仏のほか、仏像には、金箔が張られたものや明るくカラフルなものが多い。

仏像の顔を見ると、目がギョロッとしていて、日本にあるものとはかなり違った様相をしている。右手の指先も、下を向いて地面の方向を指している。

仏塔であるパゴダも、首都ヤンゴンにあるシュエダゴンパゴダやスーレーパゴダのような金ピカで大きなものから、パガンのあちこちに点在する、石を積み上げただけの小さなものまで、様々だ。

パガンは、インドネシアのボロブドゥール、カンボジアのアンコールワットとならんで「世界の三大仏教遺跡」のひとつにあげられているが、実際にパガンを訪れてみると、確かにそのとおりだと納得させられる。

どこに行っても、まず目に入ってくるのは、この石を積み上げたパゴダ。パガンの見どころは、なんといっても、パゴダのある風景である。

お詣りは裸足で

シュエジーゴンパゴダ、アーナンダ寺院、タビニュ寺院、ブーパヤパゴダ、ダマヤンジー寺院、スラマニ寺院、マヌーハ寺院。いろいろなパゴダや寺院を見て回った。しかし、それでも、パガンにあるパゴダの数からすれば、ほんの一部を見て回ったにすぎないことになるのだが…。

パガンは十一世紀から十三世紀にかけて、都として栄えたところ。現存するパゴダもこの間に建立されたが、その後の戦乱や地震による被害もかなり受けた。つぶれてしまったものもある。

一九七五年にこの地を襲った地震による被害も大きかった。

旅の途中、修復作業中のパゴダも見かけたが、組んだ足場に乗って作業をしている人たちの表情は明るかった。仏像に花を供え、水をかけ、熱心に願い事をしている人の表情は真剣そのもの。

神聖なパゴダを訪れるときは、靴を脱いで、裸足で歩く。境内だけでなく、参道から裸足にならなくてはならないのだ。その度に、靴を脱いで、靴下脱いで、は、面倒である。パガンに暮らす人は、だれでもサンダル履きがふつう。では、と、ぼくも同じように、靴を履くのを止め、サンダル履きでパガンを動き回った。パゴダに近づくと、裸足になって歩いた。雨に濡れてすべりやすくなった大理石の上も、太陽の強烈な光に照らされて熱くなった石の上も、裸足で歩いた。

托鉢僧はサンダルも履いてない。どんなに地面が熱くなっても、裸足で、平気な顔をして歩いている。

が、熱くなったデコボコ道を歩くのは、ぼくの足にとっては、ちょいとつらかった。

パゴダを見て回る

数ある遺跡群のなかで、パガンを代表するパゴダといえば、それはシュエジーゴンパゴダ。イラワジ川の岸辺に建つこのパゴダは、「金」を意味する「シュエ」の名のごとく、仏塔はまさに金色で覆われ、釣り鐘のように均整のとれた美しい形をしている。十一世紀に建立されたこのパゴダは、ミャンマー様式仏塔の原型ともなったもので、その後に建てられた多くのパゴダは、このシュエジーゴンパゴダをモデルにしたといわれているほどである。

タラバー門は、パガンに唯一残る城壁跡。

その五百メートルほど南に位置する、一二世紀中期に建立されたタビニュ寺院は、高さ六一メートル。パガンで最も高いパゴダだ。ここには日本人戦没者を追悼する碑もあり、僧院でひと休みすることもできる。

パガンのレストランで食後に出てくることのあるタマリンドでつくった菓子を食べながら、僧院でお茶をいただいた。このタビニュ寺院の東方約五百メートルのところに建っているのが、アーナンダ寺院。

正方形の本堂の中央に、すらりと立つ高さ五一メートルの尖塔が、青空にくっきりと浮かんでいた。均整のとれたその外観。十一世紀末に建てられたこの寺院に向かって歩いていると、カメラのシャッターを何度も切ってしまい、フィルムをかなり使ってしまうことに。

アーナンダ寺院から南東方向に二キロほど行くと、タビニュ寺院によく似た形の寺院が現れる。スラマニ寺院である。パゴダのてっぺん部分がくずれかけたように見えるこの寺院も現在、修復作業中だ。

ミャンマー語、ピュー語、モン語、それにパーリ語、同じ文章が四つの面のそれぞれに、違った言語で書かれている石柱のあるミヤゼディパゴダにも行った。

パガンはまさに、パゴダの町。パゴダのテラスから眺める日没の風景も見どころのひとつである。

大地に日が沈む

パガンの西をイラワジ川が流れている。

雨季には水量が増し、イラワジ川の川幅は広がる。そこに夕日が反射する。

夕焼けのある風景、それがより見事なものに…。

なんといっても、パゴダの点在するこの広々とした空間がいい。

シュエサンドーパゴダに上った。

テラスに腰を下ろし、日が落ちるのをじっと待つ。

ここにあるのは、見渡す限り、広々としたミャンマーの大地。イラワジ川の対岸に沈む夕日。日没の風景を、十分に満喫した。

この風景を見るために、世界中からこの地にやってきた観光客が、集まってくる。その観光客めあてに集まってくる物売りの子どもたちもいる。手に持っているのは、漆器の類。笑顔でヒョイと、差し出して、値段を言う。女の子のほっぺたには、ミャンマーの伝統的な白粉、タナカが塗られていた。

イラワジ川を行く船から眺める日没の風景も、また、いい。

船に乗って、ゆっくりと移動しながら、岸辺を見ていると、樽を積んだ牛車がやってきて、バケツで川の水をくみ、樽の中へ。

水浴びや洗濯をする女性の姿もある。

マンダレーとの間を行き交うフェリーも、ちょうどこの頃、パガンに到着する。

芝居小屋の天井は夜空

漆器はパガンの伝統工芸品。ミミズクの置物や器、皿など、種類も豊富。ミミズクの置物はオスとメスで一組になっている。

漆工房を訪ねた。

木や竹の上に黒い漆を何度も塗り、その上に線画を施し、その後、朱色などの漆を塗り込み、研ぎ出していく。また、いろいろな色の漆を何層にも塗り込み、その上を彫って模様をつけていく。作業はすべて手作業だ。

馬の毛を編んでつくる器もある。

「軽くて丈夫」とのこと。で、手にとってみた。確かに軽かった。

市場の賑わいはここパガンもマンダレーといっしょ。

タナカも売っていた。十センチほどの長さの木の棒。これを石にこすりつけて粉にし、顔に塗るのだ。

八月下旬、年に一度の村祭りにぶつかった。場所はニューパガンの南西端のそば。

賑わうのは夜になってから。

道の両側にズラリと夜店が並ぶ。トラックに乗ってやってくる村人たち。街灯もなく、真っ暗なのに、平気で道を歩いてやってくる人々。

芝居小屋もある。むしろで囲った芝居小屋の床は地面にゴザを敷きつめただけ。屋根はなく、夜空が天井だ。身動きできないほどの行列に流されてやっとの思いで入口までたどりつき、小屋の中に入った。

ゴザの指定席に座り、芝居の開演を待つ。しかし、鐘や太鼓の音が小屋いっぱいに鳴り響くが、芝居の方は予定の時間がすぎ、いつまでたっても始まらない…。

パガン市場の働く女性たち

道端のあちこちに置いてある飲料水の入ったカメ

インド

タージ・マハルの原形になったものといわれるフユマーン廟

デリーの旧市街とニューデリーを歩く

歩いて、食べて、写真も撮って…

日中の強い陽射しの中、デリーの街を、それこそ隅々まで歩いたことがある。新市街では強烈な日の光が、ジリジリと直接肌を焼き、旧市街のチャンドニー・チョウクではあのゴチャゴチャッとした人込みの中のムッとする暑さ。立ち止まると、払っても払っても、汗の吹き出た腕に、ハエが次から次へとやってきた。ムンバイ、ベナレス、カルカッタ…、これらインドの都市同様に、デリーの街も暑かった。

三十代半ばの頃、そんなインドを、せっせと歩き回った。それも、休みなしに。元気だった。さすがに、五十代になると、正直、若干しんどいときもある。以前と同じように、まだまだ歩く。が、残念ながら、どこかで休息の時間というのが必要になってきた。

「秋山さんは、よく歩き回りますね」と、いまだによく言われる。そりゃ、こちらは、歩くのが仕事。街や自然の中を実際に歩いて、自分の目で見て、食べて、写真も撮って、が、原点。歩いて、

インド

一　デリーの旧市街とニューデリーを歩く

自分の目で確認していないものなんか、書けるもんか。ずっと、そうしてきた。

いまでも、これが、ぼくのやり方。そして、これが、実に楽しくてしょうがない。連日パーティに出席、大量の資料を渡され、用意された写真を使って、そのまま書いてしまうなんてこと、このぼくにはできない（十年ほど前ある国へいろいろなメディアの方々と合同取材の旅にでかけたときに、全然現地を見てないのに、まるで自分で見たかのように立派な原稿を書いている人がいたっけ）。また別の時、いく前に、ほとんど原稿のできてしまっている人もいたっけ。

まず現地にでかけ、歩き、それから、そこで見たものをそのままに。自分で楽しんで旅をして、それをそのままこうして、文章と写真で表現。それを、読んでくださる人がいる。有り難いことである。本当にそう思う。これは、大切にしなくっちゃ。今後も、歩きまっせ、書きまっせ。

ガンディーをしのぶ聖なるラージ・ガート

雨が降った後のニューデリーはいくぶんかしのぎやすい。街で見掛けた電光掲示板に、気温二八度とある。しかし、湿気の方はかなりのもの。涼しさを感じるというほどではない。

「デリーの南に、高級住宅地はあります。家賃が高いのも南です」そんな話を聞いていたので、デリーの南の地区を車に乗って移動するとき、気になって窓の外を見ていた。たしかに敷地が広く立派な家がつづく。そんな地区がある。塀の上に細かく砕いた先の尖ったガラスを埋め込んだ家もあった。チャンドニー・チョウクのあのすさまじい町並みや、町外れで見掛ける掘っ立て小屋とはえらい違いである。

インドを旅していると、実に、いろいろなことを考えさせられる。

雨上がりで、モヤに霞むなか、インド門へ。インド門は、ニューデリーの中心コンノート・プレイスの南東二・五キロにあり、ここからも放射状に伸びる道が何本もある。アーチ型の高さ四二メートルのこの門は、第一次世界大戦で戦死したインド兵の慰霊碑。戦没者の名前もある。この周辺には、国立博物館、美術館、裁判所、警察署、新聞社などがある。

＊

ヒンドゥー教徒のガンディーに墓はない。しかし、ガンディーをしのぶ聖なる場所はある。それが、ラージ・ガート。ここで、ガンディーは火葬された。

緑の芝生が広がる広い公園の中央にガンディーの記念碑があり、いまだに多くのインド人がこの地を訪れる。門を通って、やや上り坂になった道をインドの人々といっしょに歩いていく。黒大理石でできた記念碑のそばに寄るには、裸足にならなくてはいけない。靴を脱いで、六六番の番号のついた靴箱に入れ、赤砂岩の道を歩いて記念碑のそばへ。インドの人々と同じように、黒大理石の四角い台のまわりを一周して、お参りした。永遠の炎が揺れている。

この記念碑を方形に取り囲むように、一段高くなった緑地帯が広がっている。記念碑を上から眺めながら、そこも、ぐるりと一周した。記念碑にお参りにくる人が次から次へと続く。「マンデラさんもここにきた」とのこと。世界中からいろいろな人がこの地を訪れているのだ。ここで見掛け

インド

一　デリーの旧市街とニューデリーを歩く

たカラスとリスは日本で見るのよりやや小さめ。道路の真中にいたり、駅のホームにいたり。インドの各地で出会った聖なる牛もやせている。

通りに出ると、ギュウギュウ詰めのバスが通り過ぎていく。バスに乗っているのは、男ばかりだ。ラージ・ガートの後、フマユーン廟を訪れた。十六世紀半ばに建てられたこの建築は、のちに建てられたタージ・マハルの原形になったものといわれるところ。中央にドーム、左右対称建築。確かに、タージ・マハルに似ている。静かな敷地内をゆっくりと散歩。ゆったりとした空間と時間を楽しんだ。

チャンドニー・チョウクでチャイを飲む

デリーで最もインドらしいところ、それは旧市街のチャンドニー・チョウク。ここは、庶民の街。行って、歩いてみれば、わかる。インドにやってきた、と、強く意識する所だ。東西に真っ直ぐ伸びる一本の道。この一・五キロほどの通りは昔からデリーの中心的な繁華街として栄えたところ。とにかく、人が多い。広い通りは、タクシー、リクシャー、それに、人、人、人。ありとあらゆる店が並び、ジャイナ教やイスラム教の寺院もある。この道に直交する何本もの道がある。そこも、人、人、人。広い通りより、この路地の方が面白い。狭い道も、やや広めの道も関係ない。とにかく歩いてみることだ。

間口が一間半ほどの店がつづく。道の両側につづく三層の建物は、上にいくにしたがって、せり出し、バルコニーもある。ひっきりなしに、人が動いている。衣類、日用品、菓子、果物、店の数も多い。ハエも多い。雑踏の中を、一人で、歩く。荷物を頭に乗せて歩く男、牛、馬車、バナナ売り、子ども、リクシャー、ただここにいるだけ、といったような男まで、様々な人々がここにいる。

立ち止まり、メモをノートにとっていると、いろいろな人々の視線を感じる。人込みの中で、ぼくのまわりを行ったり来たり、の、男がいた。前を歩いていた男がハンカチを落とした。その男がハンカチを拾おうとして、しゃがんだ。男に気をとられて、ストップ。すると、後ろにいた男がぼくのバッグに手をつっこんできた。ハハハ～ンである。もちろん、被害はない。大事なものは入っていないのだ。手をつっこんだ男は、サッといなくなった。ハンカチを落とした男は、というと、睨みつけてはみたものの、この人込みの中で、五メートルほど前方に。で、笑顔を残して、はい、失礼。こちらも、思わずニッコリ。こんなこともある。ご注意を。

No school & college book と書かれた本屋もある。四時半。路上で夕食のための開店準備をする男。臭い、人、年期の入った建物…、まるで芝居のセットを見ているようだ。が、これが、現実の暮らしなのである。

＊

インドではチャイをよく飲んだ。この熱い、ミルクと砂糖のたっぷり入った紅茶は、インドで唯一、露店で下痢になることを気にしないで飲むことのできる飲み物。暑いインドで熱いチャイ、何杯も何杯も飲んだ。路上の「喫茶店」。男が店の主人。砂糖とミルクがたっぷり入ったチャイ。ティーカップのときもあれば、ガラスのコップに入ってでてくることもある。が、もう一つ、やや大きめのグイ飲みほどの大きさの素焼きの器に入ってでてくることもある。この素焼きの器は、飲み終わると、バリーン。割ってしまうのだ。使うのは本人のみ。この国にカーストは現在でも依然として存在している。上位カーストの者は自分より下位カーストの者の使用したものは使わない。で、使い捨ての、本人のみしか使わない素焼きの器で、ということに。

＊

露店大好き人間だが、落ち着いたレストランでももちろん食事する。ニューデリーの中心、コンノート・プレイスそばのレストランで食事したとき、こんなこともあった。スペシャルのスペシャルランチである。店の名は、ミルク・バー・レストラン。ベジタリアン用の店ではなく、ノンベジの店。肉料理もある。テーブルにクロス。席に着くと、英語のメニューがでてくる。注文したのは、本日のスペシャルランチ。鶏肉がメインで、リンゴの揚げたもの、ホウレンソウ。

料理を待つ間、いつものように、ノートを取り出して、メモを。熱心に何やら書いていたので、店の男も興味を示し、そばに寄ってきて、ノートを覗き込む。顔をあげると、お互いの目が合って、ニコリ。

「うーん、チンプンカンプンだ」そんな感じに、両手を、ヒョイと広げた。大きな皿に盛られたランチが出てきた。カメラを取り出して、写真を撮ろうとすると、先ほどの男がやってきて、

「写真を撮るなら、もうすこしきれいに盛り付けることができる」

と、言った。そして、出されたばかりの、まだ手を付けていないランチをそのまま、奥へ持っていってしまった。待つこと、およそ三十分。出てきたものは、盛り付けが変わっただけでなく、何と、量も二倍ほどに。「これでどうだ」と言わんばかりの、スペシャルのスペシャルランチである。うれしそうに、コックまで奥から連れてきた。

二　ジャイプル…象の背に乗って城に上り旧市街を歩く

今も昔ながらの風景

デリーから南西へ二百六十五キロ、かなり使い古したオンボロバスに揺られて、ラージャスターン州の州都ジャイプルへ向かった。

「ペプー、ペプー」

クラクションを鳴らしながら、国道八号線を行く。

「インドではクラクション鳴らさないと、運転できません」

前にインドを旅したとき、そう言われたことを思い出す。

インド

二　ジャイプル

「プープー」

路上に牛。このときばかりは、バスもスピードを落とし、牛を避けて、進む。

そう、ここは、インドなのだ。

一九八五年の夏、北インドをぐるりとまわってカルカッタまで旅をしたとき、激しい下痢に悩まされた。

インドで体験する下痢はすごい。どんなにすごいかは、経験者でなければわからない。これだけは、一度の経験で十分。それ以後、水には注意、注意、である。

＊

二〇〇〇年夏、七月中旬のインド。

雨季がそろそろ近付いてきたところ。

「インドには義務教育ないんです。二十年前には字の読めない人が六五％でしたが、今、学校にいっている人が六五％です」

ここ二十年でインドも変わった、というが、車窓から見る風景からは、この国が変わったという感じがしない。

クジャクが民家の庭や塀の上にいるのをしばしば見かける。羽を広げているクジャクもいる。

「クジャクはインドの国鳥ですから、飼うのも、殺すのも、禁止です」

インドのクジャクは、好きなところを自由に、のびのびと…。

「雨季が始まる頃、雄のクジャクが羽を広げ雌に求愛します」

ラクダが荷車を引いて路上を行く。

ラージャスターンは砂漠の州。州西部には広大な砂漠が広がっている。そのため、ラクダの姿をよく見かける。ジャイプルは砂漠へと通じる入り口の街でもある。

＊

「ペプー、ペプー、ペプー」

まるで、どけ、どけ、どけってな感じで、バスは行く。

雨が降ってきた。すぐに、激しくなり、土砂降りの状態に。

冷房はきつめ。強くかけるか、止めるかのどちらかで、ちょうど良いはない。

「一度止めると、三十分ぐらいはいりません」

ということで、どちらにしても、我慢、我慢。こちらが、そのときの温度に合わせる。これもインド旅行のルールのひとつ。

雨が小降りになったころ、踏み切りの手前でストップ。列車は、まだ、はるか先に。で、車を降りて、列車が通り過ぎるのを待つ。

空は一面、どんよりとした雲に覆われている。そろそろ雨季の始まりである。

この辺りは三毛作地帯。一年に小麦を二回収穫し、雨季に米が一回。

南インドにいくと、同じ三毛作でも、米が二回に、小麦が一回。

レンガ工場のエントツが道の両側に。

片側二車線、中央分離帯があって並木もある有料道路が百キロぐらい続く。

「大理石もエメラルドもこの州でとれます。砂漠の州だけど豊かな州です」

ということを、ラージャスターン州の道路事情からも感じとることができる。

*

マハーラージャは王のこと。

ジャイプルは、一七二八年、この地方に勢力をもっていたラージプート族のマハーラージャ、ジャイ・スイン二世によって計画的に造られた街。

王のジャイと、城壁に囲まれた街を意味する「プル」とがいっしょになって、ジャイプルという名になった。城壁にぐるりと囲まれた旧市街は、碁盤の目のように整然としており、町並みが赤みがかかった土の色をしていることから、ピンク・シティとも呼ばれている。旧市街には、宮殿や昔の建物が、当時の姿のまま残っている。

ジャイプルを訪れるのは十五年ぶり。

久しぶり、ということで、この街の主だったところを再訪してみることに…。

丘の上のアンベール城

まずは、ジャイプルの北十キロほどのところに建つアンベール城。

城は丘の上に建ち、丘の下には街がある。街の歴史は十世紀からで、城より古く、もともとこの丘の上には一一世紀頃から小さな砦があった。現在のような城ができたのは一八世紀になってからのこと。象に乗って城へ上る、というのが、ここでの人気の観光コース。象は四人まで乗れて、料金は一頭当たり二百五十ルピー。

ここはインド。浮わついた観光気分から、ちょいと、気持ちの切り替えが必要だ。

「城に着いて象を降りるとき、チップとして一人十ルピー払ってください。チップは料金とは別です。二人分二十ルピー、というのはダメです。一人ひとり払ってください」

「インドの観光地、物売りしつこいです。アンベール城が一番、しつこいです」

「象に乗ってるとき、物売りが物を投げてきますが、それにさわらないようにしてください。さわると、買ったことになります。注意してください」

「写真も勝手に撮って、あとで売りつけにくるんです。値段も滅茶苦茶です」

「注意してください。たくさんいます。いっさい無視してください」

と、現地ガイドがしつこく説明。

「何か問題があっても、私たちに聞かないでください。何か言ったら、私たち、次から行けなくなります…」

世界の多くの国々、とくに観光地は、それぞれに、その土地土地のやり方というものがあるものなのだ。「そりゃ、ヒドイ」と言うのは簡単だが、事はそんなに単純なものではない。かれらもそこで生活し、金を得なければならない。ガイドは責任とれないのだ。どこであろうと、現状を認識した上で、自己責任で、というのが、旅をするときの基本的な心構えであり、ルール。昔は、旅に出るときは命懸け。借金も返済し、身辺きれいにしてから、出発したもの。それに比べりゃ、現在の旅は楽なもの。

ガイドも、相手がアメリカ人や西洋人の場合には、ここまで、しつこくは言わない。こういうことに対しても、不快に感じるかどうか、ということも、旅を楽しめる人とそうでない人との分かれ目となる。どうせなら、どんなことでも楽しんでしまうという人の方が、得というもの。相手が寄ってきたときに、どんな態度をするかによっても、ちがってくるんだよね〜。

*

象の背に揺られて、丘の上のアンベール城へ向かうと、途中、たしかに、物売りがいろいろと寄ってきた。が、上っていくにつれ変化していく風景にカメラを向けることに精一杯で、全く無視の状態に…。

こちらが無視していると、物売りも、他の客の方へ…。

城に着く。十ルピー渡すと、一人ひとり象から降ろしてくれる。

階段を上り、まずは一般謁見の間へ。見晴らしの良い風景を楽しみ、ガネーシャ門の前に立ち、立派な門を眺める。城の内部は、風通しがよく、涼しさを演出するための水も流れている。透かし模様を通して外を見る。

中庭に出て、ゆっくりと歩いた。大理石の床。勝利の間の壁面は、鏡をちりばめた凝った装飾の幾何学模様。

ジャイプルの北東約七キロにある「湖に浮かぶ」水の宮殿は、マハーラージャの夏の宮殿として造られたもの。この宮殿に行ってみたが、湖の水は干上がり、水に浮かぶ姿は見られなかった。

色鮮やかな風の宮殿

ジャイプル市内を歩いていると、サイクル・リクシャーの男が声をかけてくる。

旧市街は、人も交通量も多い。風の宮殿は、ジャイプルの第五代マハーラージャ、プラックプ・シンが一七九九年に建設した、五階建ての透かし彫りの格子の出窓がついた、ちょいとユニークな建物。いわば、ジャイプルのシンボルともいえるこの建物は、宮殿・シティパレスの東側、南北にのびるバザールの大通りに面して、東を向いて建っている。

「風の宮殿は二一～三年に一度塗り替えます」

とのこと。十五年ぶりに見るこのローズピンクの色の鮮やかなことも、納得。

風の宮殿は、正面から見ると立派だが、横から見るとまるで映画の張りぼてのよう。初めて見たとき、事前に写真で見ていた印象から作られたイメージとのちがいに、驚いた。雨が降り出すと、すぐに、土砂降りに。現在のマハーラージャが住むシティパレスの一部は博物館になっている。で、そこへ避難、中を見学することに…。

スリランカ

ベントータの田園風景

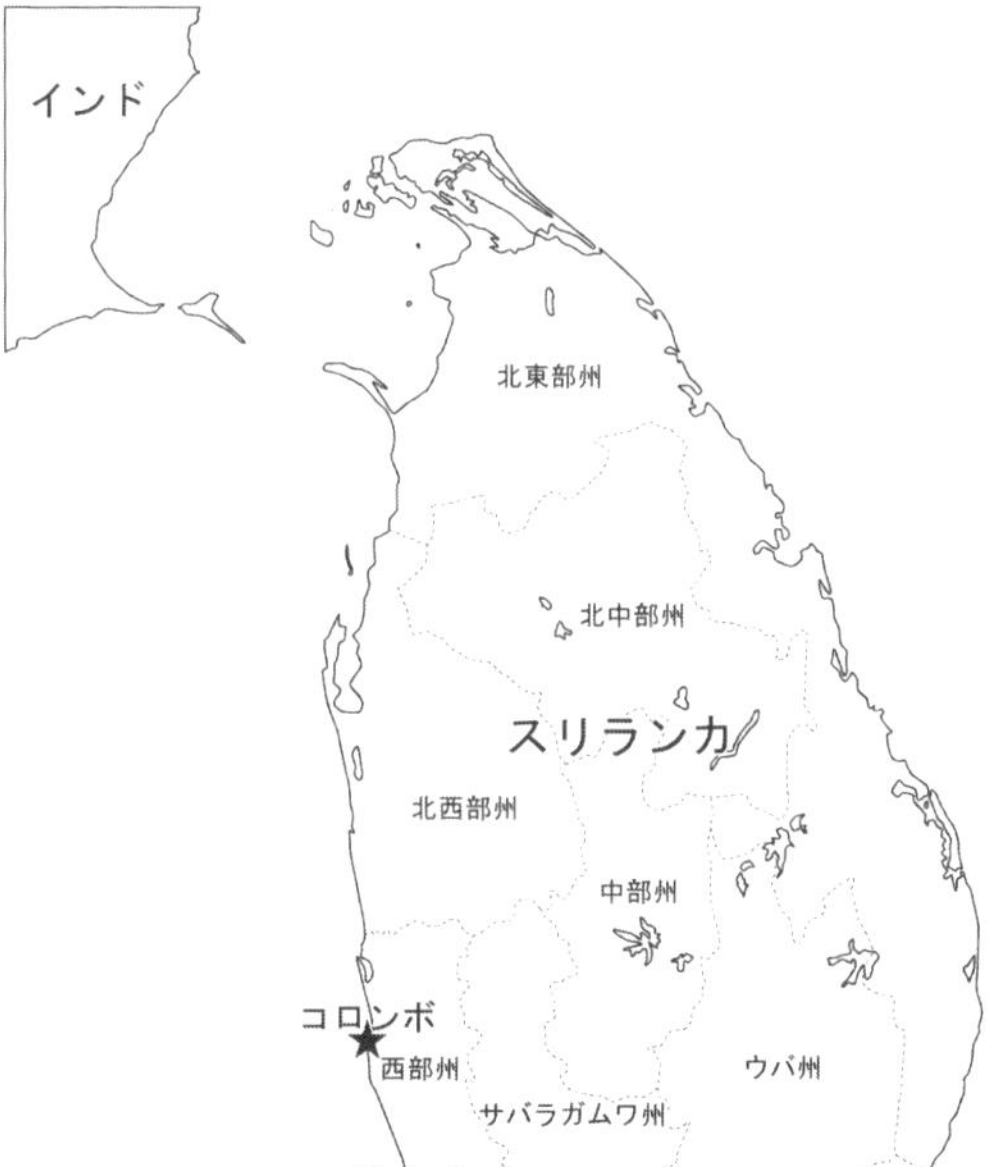

ベントータ・南の島の楽園

コロンボから大型バスで南下

スリランカ最大の都市コロンボから、大型のバスに乗って、南へ向かう。

移動しながら、じっくり車窓見学。

途中で見かける込み合った路線バスは、傾いたまま、かなりのスピードで走っている。

日陰になった側の道端に露店が並ぶ。

大きな黒いこうもり傘をさして歩く女性。こうもり傘も、ここでは日傘として使われる。

一時間ほどして川を渡った。

水の中に柱が立っている。これはカニを採るためのもの。

「このラグーンにすむカニは旨い」と評判のカニ。海の水と川の水とが入り交じるラグーンに旨いカニはすむ、というわけ。しかもシーズンは一年中。ただし、満月の日にとったカニは身がなくなるといわれ、カニ採りは控えられている。

露店にマンゴスチンが山積み。で、ストップ。店をのぞく。旅の始まりは、まずその土地の味を

スリランカ

ベントータ・南の島の楽園

楽しむことから。丸い皮を半分に割り、中の白い部分を一気に口へ。旨い。

ベントータはコロンボの南約六十キロにあり、ベントータ川がインド洋に注ぐ河口の周辺に位置する、南の島の楽園のようなところ。コロンボからは鉄道もあり、一時間半ほどかかる。

駅のすぐそばにある滞在型のリゾートホテルに泊まった。水辺に建つホテルはココヤシの林に囲まれ、バルコニーの外にはラグーンが広がっている。バルコニーに出ると、静かな水辺、ココヤシの林、その向こうにインド洋。インド洋が荒れても、このベントータのラグーンはあくまでも静かに…。

「あっ、あれ」、何と、カワセミが木に止まっていた。エメラルド色のきれいなカワセミである。

宿で一休みした後、外に出て、まずは、周辺の散策。

＊

川に沿った道を歩き始めると、さっそく、オオトカゲのお出迎え。ノッシ、ノッシと歩いていた。体長は一メートルを超える。初め見たときはちょいと驚くが、このオオトカゲ、実は草食で、性格の方はいたって穏やか。近寄っていくと、オオトカゲの方が草むらの中へ逃げていく。

村の道を歩くのは楽しい。心が浮き浮きしてくる。熱帯特有のラテライトの赤い土。所どころにぬかるみのある道。短パンにバティックの半袖シャツ姿で歩く。

汗がジトー、そして、ラタ〜リ。だが、気分はさわやか。このさわやかな気分は都会では味わうことのできないものだ。

土地の男が歩いてきた。ちょいと険しそうな表情をしていたが、すれちがうとき、こちらから笑顔で挨拶。すると、手に持っていたマンゴーをナタでカットして、「食べな」ってな感じで、こちらに差し出した。では、と、いただき、その場で食べる。

旨い。旨いね〜、気分がいいいね〜。旅っていいいね〜。で、さらに、壮快な気分に。

井戸から水をくんでいる女の人がいた。素掘の井戸である。ロープの結び付けられたバケツを井戸の中におろし、水を入れ、ひきあげる。そして、洗濯。そばに寄って井戸の中をのぞく。水はやや濁っている。屋根のない素掘の井戸。ときに激しく降る雨。ここでは、これが自然の水。

後日、別の井戸で、洗濯の後、バケツの水を身体にかけて、水浴びをしている女性を見かけた。腰巻のような服は身につけたまま、水の入ったバケツを持ち上げ、一気に、頭の上から水をかぶっていた。それを、二度、三度…。目が合ったら、笑顔が返ってきた。ココヤシの木の間に張ったロープを伝わって、器用に移動する男。市場で魚をさばく男。一歩村の中に入ると、そこには、昔ながらの静かで、平和な「村のくらし」がある。

村の日常を歩いて体験する

ベントータの人口はおよそ一万人。滞在中、村の端から端まで歩いた。ここでの生活の基本は歩くこと。ラテライトの赤い道だけではなく、列車の走っていないときの路線、そして、インド洋に面した砂浜もここでは重要な「道」なのだ。

スリランカ

ベントータ・南の島の楽園

自動車の通る舗装された一本の道路の他はすべて村の道。村の人々のくらしに、車は必要のないもの。

民家はどこも敷地数百坪。庭にはバナナ、マンゴーなど、果物の木がある。

パンの木にも実がなっていた。実はジャガイモを大きくしたような形のもので、食べ方も、ゆでて、ジャガイモと同じように食べる。

スコールのときは、しずかに雨宿り。雨の止むのを待つ。雨があがったら、行動再開。

学校があった。小学校である。広いグラウンドに長い建物がひとつ。建物の柱と屋根はかなりしっかりしている。が、壁があるのは下の方のみ。上の方は柱だけ。したがって、風は自由に教室内に入ってくる。細長い教室に仕切りはない。

教室内には机のかたまりが五つ。かたまりのそれぞれがひとつのクラスになっている。

外にいる牛が教室の中をのぞいていた。おばあさんに連れられた、まだ就学前の子どもも、教室の中をのぞいている。この小学校では七歳から十一歳までの子どもたちが勉強する。そして、ここを卒業したら、十二歳から十八歳までハイスクールで学ぶ。

しばらく外から授業風景を見学。

裁縫の授業をうけていた女の子たちが、奇妙な見学者のことが気になるらしく、ときどき視線がぼくの方へ。目が合うと、ニコリ。先生も気にかかるらしく、こちらを見た。目が合って、お互いに、ニコリ。で、「中に入っていいですか」といった仕草をしたら、笑顔で答えてくれた。それでは、と、教室の中へ。楽しい楽しい授業参観である。

こういうことがあるから、旅先でのブラブラ歩きがやめられない。

興味津々、ココヤシ加工場へ

ココヤシの実が大量に積み上げられていた。

水の中にも大量のココヤシの実。

道の向かい側の建物が加工工場。実からとった繊維が工場の外に山積みになっている。三カ月間水の中につけておいたココヤシの実を引き上げ、しばらく干して、バラバラにして、繊維をとり、再び干して乾かす。これが、日本でも使われている「たわし」になる。その他、ベッドのクッション材やほうきの材料としても使われる。乾いた繊維を工場で加工するのは男の仕事。ココヤシの実を水につけたり、引き上げて干し、バラバラにしたり、運ぶのは女の仕事。

バラバラになった繊維の干してあるところで、上に乗ってみた。フカフカしている。横になってみると、これが快適、気持ち良し。

学校帰りの子どもたちから、不思議そうに眺められた。子どもたちにとっては、ココヤシが干してあるのは、学校の行き帰りに見る何の変哲もない風景。が、ぼくにとっては興味津々。見たことのない大人の男が、ピョンピョン飛び跳ねたり、横になったり。「何やってるんだろう?」と不思議に思うのが自然というもの。

が、これが縁で子どもたちと仲良しに。

男の子が二人に、女の子が三人。いっしょに、まっすぐな一本道を歩いた。

途中で道草を食いながら歩くのは楽しい。

家の前にくると「バイバ～イ」と言って、手をふって家の方へ。

一人減り、二人減り…。また、一人で歩くことに。

村のかじ屋もあった。足は自然に、そのかじ屋の中へ。トンカチ、トンカチ、汗ビッショリになって働く男たち。しばらく、眺める。

のどかな水辺の営み

オオトカゲのことを土地の人たちは、ワランと呼んでいた。水辺で水面を眺めていると、ワランが頭から背にかけての部分を水の上に出し、ゆっくり移動するのを何度も見た。陸をノッシノッシと歩いていたオオトカゲと水の中にいるオオトカゲは別の種類のもの。水の中にいる方には身体にきれいな模様がある。どちらも身体は大きいが、性格はいたっておとなしい。

筏をこいでベントータ川を巡り、マングローブの林の中へ。

ここでもオオトカゲをよく見かけた。そばに寄っていくが、相手にとっては迷惑な話。知らん顔して、ス～イスイと、離れていく。

マングローブの支柱根や呼吸根の間は魚のすみか。漁をする男たちにも会った。大きな木があった。その木を見上げると、上の方の枝に何やら黒いかたまりのようなものがぶら下がっていた。オオコウモリである。

日中はこうして木にぶら下がって、じっとしている。日が沈むと活動開始。村の方へ飛んでいく。好物は果物。で、フルーツバットと呼ばれている。

＊

マングローブの林からラグーンに出る。かいを漕いでゆっくり進む。水浴びをしている親子がいた。「ハロー、ハロー」と、子どもが声をかけてくる。で、こちらも「ハロー」。大人の方は頭まで水につかり、立ち上がりながら、ピュー。口から水を吐き出した。

静かなラグーンの中を、筏に乗って、漂う。

かいを漕ぐ手が疲れたら、筏の上に大の字になって寝転び、流れのままにまかせる。

日の沈む頃の風景、とくに夕焼けがいい。

ココヤシの林全体が燃えるような赤色に染まり、日が沈むと、徐々に黒いシルエットに変化していく。そんな日没の風景にどっぷり浸りながら、ココヤシの酒、アラックを飲む。水に浮かぶ筏のちょっとした揺れ、それに風。何ともいい気分に…。

カレーも食べた。ジワーと全身がほてり、汗がタラ~リ、スリランカのカレーは強烈だ。

パキスタン

クリフトン海岸で客を待つラクダ

冷たいキュウリが旨かった八月のカラチ

　パキスタンの正式な国名はパキスタン・イスラム共和国。日本より多い一億三千万人を超える人口をかかえるこの国の首都はイスラマバード。しかしパキスタンで最も人口の多い都市は、この国の南西部に位置し、アラビア海に面するカラチである。カラチは、インダス川下流の平原に位置する、人口九百万人を超えるパキスタンの商工業の中心地。この国唯一の港もここにある。また、国際空港もあり、世界の主要都市と結ばれている。

　一九四七年にパキスタンとしてインドとともに英国から分離独立、東西に分かれていたこの国のうち、東パキスタンが一九七一年にバングラディッシュとして分離独立した。現在でも隣国インドとの間でカシミールの帰属問題で紛争が続いている。

　観光目的でパキスタンのカラチにやってくる旅行者は少ない。この地を訪れる人のほとんどは乗り継ぎ客だ。そういうこのぼくも、初めからカラチに行くことになっていたわけではなかった。中央アジア旅行の帰路、ルートが変更になり、タシケントからカラチに飛ぶことになったのだ。急きょカラチを訪れ、泊まることになったのだが、内心は、シメタ、である。どうせ、カラチに泊まることになったのなら、街に出て徹底的に見てやれっ、てなつもりでカラチの街を歩き回った。

パキスタン

冷たいキュウリが旨かった八月のカラチ

結婚式は日曜日の夜に

八月のカラチ、北緯二四度四八分。日中の気温は三十度を超え、暑いのは当然としても、ムッとする湿気の中を歩くのは若干しんどかった。からっと乾燥した中央アジアを歩いてきたあとだけに、とくに湿気を強く感じた。

朝、どんよりとした雲が空一面に。ひさしぶりに見たこの天気。じっとしているだけで、汗がジワーっと噴出してくる。まず訪れたところは、パキスタン建国の父、初代総督のムハンマド・アリー・ジンナーの霊廟、アーイダ・アーザム廟。

市のほぼ中央、小高い丘の上に建つこの霊廟を見ると、まずは、白亜の大理石でできたドームに圧倒される。靴を脱いで、大理石の上を歩いて霊廟の中に入ると、暑さから解放され、ホッと一息つく。ドームの中央にかかるシャンデリアは中国から贈られた物だ。「一九四七年に独立、一九四八年に死んだ。墓の頭はメッカの方を向いている」と、ガイドの説明。

パキスタンも車は左側通行。ラクダが荷物を運んでいる。ユーカリの並木。路上で五〜六人集まり、クリケットをやっている子どもたち。トヨタ、スズキ…、走っている車には日本製の中古車も多い。

日曜日。結婚式が行われているらしい。

「結婚式は夜の八時くらいから二時ぐらいまでやってます。涼しいから…。一回五百人くらい集まります。金曜日が休みだったのが大統領が変わってから日曜日が休みになって、結婚式も日曜日の夜の方が多くなりました」

国民の九五％をイスラム教徒が占めるパキスタンの休日は金曜日だった。それが、一九九七年三月、突然に、日曜日が休日、ということになった。

＊

珍しい洗濯場がある、というので行ってみると、たしかに、これはすごい。みごとなものだ。洗濯物がズラッと干してある。洗い場は一畳に満たないほどのスペース。この狭い空間の一つひとつが洗濯屋さんというわけである。千軒以上もあるというのだから、まあ、おみごとのひとことだ。

見ていると、洗い方もユニーク。

洗濯板ならぬ洗濯石に、「バターン、バターン」と洗濯物を打ち付けて洗う。生地が痛みやしないかと心配になるほど、力いっぱい全身の力を込めて打ち付けている。洗濯物の数の多さに、どれが誰のものであるかわからなくなりゃしないかと不安に思いながら尋ねてみると、「大丈夫。洗濯は朝の八時から夕方六時半まで。雨が降るとやらない。昔は川の水を使っていたが、今は水道の水を使っている」とのことだ。

モスクを訪ね市場を巡る

市内の中心部には、英国統治下のビクトリア時代の建物も残っている。

パキスタン

冷たいキュウリが旨かった八月のカラチ

しかしなんといっても、街の中で一番立派なのは祈りの場であるイスラム寺院・モスク。いろいろなところから見えるミナレット（尖塔）は街を歩くときの目印にもなる。メモン・モスクの前にくると、外の路上で歯ブラシを売っている男がいた。祈りの前に身体を清める。そのときに、歯も磨く。そのためのものだ。モスクで身体を清めているのを見ていると、足を洗い、腕を洗い、首から顔…と、かなり丁寧に時間をかけて洗っている。水道の前に男だけがズラッと並んで腰掛けて。

モスク周辺の古い町並を歩き、ジュナ・マーケットへ。

ムッとする暑さ、それに、ハエがブンブン。ものすごい。果物にも野菜にもハエがたかり、立ち止まると、汗をかいたぼくの腕にもたかってくる。市場は庶民の胃袋、台所、なんて言って、どこに行っても市場巡りは旅の大きな楽しみのひとつなのだが…。ジュース八ルピー、パン五ルピー、ミネラルウォーター一二ルピー。それでもめげずに、市場を歩いた。それにしても、街を歩いていて見かけるのは男ばかりだ。子どもを除くと、日中、町中で、女性の姿を見かけることはほんとうに珍しい。

もっとも、日中の暑い中、カラチ市内を歩いている日本人などほかにいない。歩いているときは気にならなかったが、立ち止まって休んでいると、男たちの視線がこちらに向かっているのがわかる。

街の交差点など、あちこちで見かける球形をした水飲み場。

土地の人は蛇口をひねって出てきた水を飲んでもなんともない。が、こちらは遠慮しておく。過去に、インドで、水にやられてひどい下痢になり、そのつらさを体験しているので…。それにしても、人口が一千万人近くもいるのに、カラチには地下鉄も市内電車もない。公共交通機関として市内を走っているのは、派手な飾り付けをしたバス、それに、オートリキシャー、タクシー、タンガー。

オートリキシャーは、オート三輪で、後ろの座席に二人ないし三人乗り。タクシーは黒と黄色のツートンカラーでインドと同じ。屋根が黄色に塗られているのですぐにわかる。値段は乗る前に決めておく。これはルール。タンガーは一頭立ての馬車。町中でよく見かけるが、観光客用のものと地元の人が利用するものとで、料金はまるでちがう。ご注意を。

しかし、正直に言えば、カラチではジュータンやレストランなど、ずいぶん余計に払ったということがいくつかあった。これも、授業料、か？

冷たいキュウリが旨かった。インドでもそうだったが、暑いなか、街を歩いた後で食べたもののなかで一番旨かったのはキュウリだった。タンドリーチキン、魚のフライ、カレー、チャパティー、チャイ…。まぁ、食欲の方は旺盛でいろいろと食べたけどね。

インドとちがってパキスタンでは牛肉料理もある。肉のなかで最も安いのが牛肉。そのあと、ヤギ、ヒツジと続いて、最も高いのがニワトリの肉。チキン料理の代表はタンドリーチキン。これは、旨かった。主食のパンは南部地域のカラチではナンよりチャパティーの方がポピュラー。タワーと呼ぶ鉄鍋の上でこねた小麦粉を発酵させずに焼いてチャパティーをつくっているのを街で見かけた。

パキスタン

冷たいキュウリが旨かった八月のカラチ

「酒を飲んで訴えられると罰金か刑務所行き」と言うように、この国では酒に対しては厳しい。特別な飲酒許可証を取得すれば、限られた場所で飲むこともできるのだが…。

市民の憩いの場クリフトン海岸にも出かけた。アラビア海から吹く風が気持ちよい。砂浜ではラクダや馬の時間貸し。ここでは家族連れとともに、若い女性の姿も見かける。表情も服装も明るく、イキイキとしていた。

初出一覧

「地図を片手にソウルの街を歩く」№二三七、二〇〇二年五月号
「ソウルで味わう庶民派グルメ」№二三八、二〇〇二年六月号
「慶州、釜谷、温泉めぐり」№二二六、二〇〇一年六月号
「眼鏡を作って、食べた、フグ鍋、アワビ粥」№二二五、二〇〇一年五月号
「石の島・済州島　トル・ハルバン、石垣、水汲み女の像…」№二七九、二〇〇五年一一月号
「フィリピン・パタンガス州タールの町を歩く」№二六四、二〇〇四年八月号
「マゼランゆかりの地セブを歩く」№二三九、二〇〇二年七月号
「ミンドロ島の小さなビーチリゾート」№二六六、二〇〇四年一〇月号
「大きな変貌を遂げつつあるかっての海軍の町」№二六三、二〇〇四年七月号
「マニラで映画を観た。食べた。泊まった」№二六二、二〇〇四年六月号
「街は整然とし、人々はいたってのんびり」№二一三、二〇〇〇年五月号
「変わる街、変わらない味」№二一四、二〇〇一年六月号
「オランウータンを森に帰すための施設もある旧英国植民地」№二五〇、二〇〇三年六月号
「街全体がガーデンシティ」№二一六、二〇〇〇年八月号
「スコールが降って、島は今日も、とてもいい天気」№二六五、二〇〇四年九月号
「旅の始まりは北の『ハノイ』・縁起がいい『福』という名の店から」№二六七、二〇〇四年一一月号
「ベトナムの古都・フエをゆっくり歩く」№二六八、二〇〇四年一二月号
「ローカル寝台特急で、ホーチミンへ」№二六九、二〇〇五年一月号

「ホーチミン…クリスマスイブの賑わいの中を歩く」No.二七〇、二〇〇五年一一月号
「ホーチミンからミトーへ　屋根にアヒルやニワトリを乗せたバスで」No.二七二、二〇〇五年四月号
「東南アジア最大の湖、トンレサップ湖へ」No.二二七、二〇〇一年七月号
「アンコールワットの日の出、日没の風景」No.二二八、二〇〇一年八月号
「南部の中心地パクセ、王宮がホテルに」No.二一七、二〇〇〇年九月号
「古都アユタヤ、川の街巡り」No.二四四、二〇〇二年一二月号
「クメール遺跡の残る丘」No.二四五、二〇〇三年一月号
「ヤンゴンのボート・フェスティバル」No.二一九、二〇〇〇年一一月号
「古都のみごとな夕焼け」No.二四六、二〇〇三年二月号
「町のどこでもまず目に入るのは石を積み上げた二千を超すというパゴダ」No.二四七、二〇〇三年三月号
「デリーの旧市街とニューデリーを歩く」No.二三六、二〇〇二年四月号
「象の背に乗って城にのぼり旧市街を歩く」No.二三三、二〇〇二年一月号
「ベントータ・南の島の楽園」No.二一八、二〇〇〇年一〇月号
「冷たいキュウリがうまかった八月のカラチ」No.二四〇、二〇〇二年八月号

＊当論は、すべて月刊『アジア倶楽部』（亜細亜倶楽部出版事業部）に掲載されたものである。
なお、当誌は、二〇〇六年に休刊になった。

著者紹介

秋山　秀一（あきやま　しゅういち）

一九五〇年東京生まれ。
東京教育大学大学院理学研究科修了
東京成徳大学人文学部観光文化学科　教授・学科長
旅行作家
日本旅行作家協会評議員、日本エッセイスト・クラブ会員
著書に、『シネマで旅する世界の街』『秋山秀一の世界旅』『リスボンからナザレへ』『スイス道紀行』『ウクライナとモルドバ』などがある。
NHKラジオ『金曜旅倶楽部』《旅に出ようよ》プレゼンター

フィールドワークのススメ　アジア観光・文化の旅

二〇一〇年四月一〇日　第一版第一刷発行

著　者　秋山　秀一

発行所　株式会社　学　文　社
東京都目黒区下目黒三―六―一（〒一五三〇〇六四）
電　話　〇三（三七一五）一五〇一
ＦＡＸ　〇三（三七一五）二〇一二
振　替　東　京　三―九八八四二

発行者　田　中　千　津　子

落丁・乱丁の場合は本社でお取替します。
定価はカバー・売上カードに表示。

印刷所・シナノ印刷株式会社

ISBN978-4-7620-2072-8